高情商沟通密码

一开口就让人舒服的语言技巧

郑小四 ◎著

中华工商联合出版社

图书在版编目(CIP)数据

高情商沟通密码：一开口就让人舒服的语言技巧 / 郑小四著. —— 北京：中华工商联合出版社，2024.7.
ISBN 978-7-5158-4002-4

Ⅰ.H019-49

中国国家版本馆CIP数据核字第2024YH2715号

高情商沟通密码：一开口就让人舒服的语言技巧

作　　者：郑小四
出 品 人：刘　刚
责任编辑：胡小英
装帧设计：周　琼
责任审读：付德华
责任印制：陈德松
出版发行：中华工商联合出版社有限责任公司
印　　刷：北京毅峰迅捷印刷有限公司
版　　次：2024年7月第1版
印　　次：2024年7月第1次印刷
开　　本：880mm×1230mm　1/32
字　　数：180千字
印　　张：7.125
书　　号：ISBN 978-7-5158-4002-4
定　　价：58.00元

服务热线：010－58301130－0（前台）
销售热线：010－58302977（网店部）
　　　　　010－58302166（门店部）
　　　　　010－58302837（馆配部、新媒体部）
　　　　　010－58302813（团购部）
地址邮编：北京市西城区西环广场A座
　　　　　19－20层，100044
http://www.chgslcbs.cn
投稿热线：010－58302907（总编室）
投稿邮箱：1621239583@qq.com

工商联版图书
版权所有　侵权必究

凡本社图书出现印装质量问题，请与印务部联系。

联系电话：010－58302915

前言

你不是情商低,而是不会说话

生活中,你是否也有过这样的经历:与人交谈,总是莫名其妙地碰钉子、被打击;和人交往,总是或明或暗地受排挤、被疏远。许多人总喜欢将自己社交失败、人际关系差的原因归结为情商低。事实上,真正导致你在人际交往中受挫的原因不是情商低,而是不会说话!

试想一下,当你在与他人交谈时,总是不假思索,说出令人尴尬的话,别人又怎么会喜欢你呢?当你在劝慰他人时,明明是一片好心,却触碰了别人的禁忌和伤疤,别人又怎么会感激你呢?当你在求人办事时,总是直来直去,不懂得婉转的艺术,别人又怎么会心甘情愿地帮你呢?当你在给他人提意见的时候,总是鸡蛋里挑骨头,不懂得顾忌别人的脸面,别人又怎么会虚心接受你的意见呢?

其实，在生活中，我们大多数时候都是败在了说话上，而并非能力上。诚如美国成功学大师戴尔·卡耐基所言："当今社会，一个人的成功，仅有一小部分取决于专业知识，而大部分取决于口才的艺术。"我们每天都在说话，但并非人人都会说话。语言是沟通的桥梁，具有独特的魅力和无穷的力量，可以四两拨千斤、化干戈为玉帛，也可以造成尴尬、引起纠纷、丢失面子。嘴巴的一张一合之间，决定的往往是一个人、一件事的成败。

说话是一种技巧、一种艺术，更是一门攻心的学问，它体现着一个人的品格、修养、才学和城府，它是人与人之间交流思想、沟通感情、融洽关系、增进友谊的基础，它能帮助我们营造良好的人际关系，让我们在社交中更受欢迎。

当然，没有人生来便能拥有炉火纯青、登峰造极的说话水平。想要成为高情商的说话高手，就需要在平时的工作、生活中多学习一些说话的方法，多积累一些说话的技巧。

本书以好好说话为主题，多侧面、多角度、多层次地阐述了说话的心理、步骤、禁区、关键点、技巧、方法和难题，语言通俗，案例翔实，注重实操，易学易懂，轻松有趣，旨在通过贴近生活的案例和精练的论述，帮助读者解决说话难题、掌握说话技巧、做好日常沟通、提升说话水平。

希望通过此书，你能够领悟到语言的智慧与力量，真正完成从羞于开口到把话说得精彩又巧妙的转变，成为高情商的说话高手和社交能手！

目 录

第一章
8 个原则，说话前先要懂点心理学

善解人意：要么是他喜欢，要么是为他好　　　　　　002
选择的自由：给他选项，让他去选　　　　　　　　　005
被认可欲：每个人都想得到别人的认同　　　　　　　007
非你不可：唯一性，增加信赖度　　　　　　　　　　010
傲其所恶：规避风险，谨慎提醒　　　　　　　　　　014
情感共鸣：找到彼此的相似之处，打开他的心门　　　017
温暖法则：温和的话语让人如沐春风　　　　　　　　020
焦点效应：每个人都希望成为众人瞩目的焦点　　　　023

第二章
谨记！每次开口，都要经过以下 4 步

第一步：不要不思考就直接表达　　　　　　　　　　028
第二步：他怎么想？先揣摩对方的心理　　　　　　　032

第三步：怎么说？使用恰当的措辞　　　　　　　034
第四步：注意说话的场合和语气　　　　　　　037

第三章
7大聊天禁区，这样说话你就死定了

玩笑过度，看似玩笑实则要命　　　　　　　042
总是打断别人的话，还让不让别人说了？　　045
过于绝对，容易让人产生怀疑　　　　　　　048
与人争辩，永远不会赢　　　　　　　　　　051
口出狂言，麻烦也会跟着来　　　　　　　　054
触痛别人的伤疤，伤的不只人心　　　　　　056
大谈隐私，从此，别人对你不再有信任　　　058

第四章
抓住6大关键点，助你聊天嗨到爆

营造愉悦的说话氛围　　　　　　　　　　　062
善于倾听，让交流更顺畅　　　　　　　　　065
用巧妙的插话去引领一场对话　　　　　　　068
有的放矢，说话前先弄清楚说话的目的　　　071
将"我"换成"我们"，把对方变成自己人　　074
掌握分寸，一言可以生祸，一语可以致福　　077

第五章
12 个说话技巧,拉近你和别人的距离

找好话题,聊天渐入佳境	082
玩转幽默,掌控场面	085
赞美,世界上最动听的语言	089
记住并直呼对方的名字	092
到什么山唱什么歌,见什么人说什么话	093
用自嘲来为自己解围	097
试着放低说话的姿态	100
照顾别人的感受才能更受欢迎	102
善意的"谎言"是人际关系的润滑剂	106
巧说话,赢得对方的好感	109
一声正确的称呼,开口便赢得人心	113
用寒暄拉近彼此的心理距离	116

第六章
15 大方法,助你达到说话目的

顺着对方的"杆子"往上爬	122
胡萝卜加大棒,先批评,后鼓励	125
提出小要求前,先说一个大要求	128
维护对方的自尊心,让对方感受到被尊重和重视	131
请求帮助,强求不如善诱	133
巧用反问,化被动为主动	136
晓之以理,动之以情,衡之以利	139

拒绝急躁，用耐心去打动对方的心　　　　　　　　142
学会服软，当说软话时就说软话　　　　　　　　　144
站在对方的立场想问题，赢得对方信任　　　　　　147
坦诚的话语，最能打动人　　　　　　　　　　　　150
找到理想的"突破口"，让对方乐于替你"分忧解难"　153
永远别说"你错了"　　　　　　　　　　　　　　　156
用提醒代替批评，让人主动认错　　　　　　　　　159
巧妙转移话题，堵住对方的嘴　　　　　　　　　　161

第七章
最困扰人的17个难题，尴尬时刻怎么救场？

终极难题：朋友借钱，到底怎么办？　　　　　　　166
面试时，工资怎么谈？　　　　　　　　　　　　　169
如何富有人情味地下逐客令？　　　　　　　　　　172
如何巧妙地表达不同意见？　　　　　　　　　　　175
怎样跳出"两难"问题的圈套？　　　　　　　　　　177
失言后，如何摆脱尴尬？　　　　　　　　　　　　180
别人挑衅，要怎样回击？　　　　　　　　　　　　183
初次见面聊天太尴尬了，怎么破解？　　　　　　　186
时间紧、对方不听劝，如何为自己赢得表达时间？　189
怎么请人帮忙不被拒绝？　　　　　　　　　　　　193
面试时被问到为何离职，怎么回答？　　　　　　　196
如何不伤和气地拒绝别人的不合理请求？　　　　　198
如何让对方不失体面地收回"爱"？　　　　　　　　201

目 录

发现上司决策错误，怎么办？	204
做了不好的事，怎样道歉才会被原谅？	207
如何向老板提加薪？	210
别人的好意，如何开口谢绝？	213

第一章
8个原则，
说话前先要懂点心理学

在说话时，学会洞悉对方的心理至关重要，它可以为我们与他人的良好沟通打下基础，让我们更好地掌握说话的主动权，在人际交往中占据主导地位。从我们嘴巴里说出来的话，要想一针见血、直指人心，要想出效果、够精彩，就必须从心理学的角度入手，用"心"去说。

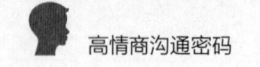

善解人意：要么是他喜欢，要么是为他好

高情商的人心里第一个想到的都是别人，而不是自己，既然是为对方着想，那么在日常交流中自然就会站在对方的角度，从对方的利益出发，换句话说，就是投其所好。

一般情况下，人们说话时都习惯于站在自己的立场，用自己的方式来说话，所以经常会被他人拒绝或误会。如果我们在说话前能仔细地揣摩对方的心理需求，掌握对方的喜好，然后投其所好，用有利于对方的措辞来说话，那么在交流时就能达到事半功倍的效果。

我们日常交流的目的就是为了增进彼此之间的感情，让彼此的关系更融洽。而投其所好可以帮助我们达成这一目的，可以说，它是最重要的说话技巧之一。

那么，我们在说话时怎样才能做到投其所好呢？具体可以从以下几个方面入手：

◎ 说话前先揣摩对方的心思，再开口

当你在买衣服时，正好喜欢的款式只剩一件了，这时，如果店员说："不好意思，这条裙子只剩这一条了。"那么，你可能会想：只有一件了？那肯定是别人挑剩下的，没有新的可选了，这一件好多人都试穿过，算了，不买了。

可如果店员说："您的眼光真好，这条裙子是我们店卖得最好的，补了几次货了，这是最后一件了。"那么你可能会想：看来我眼光还不错，还好来得及时，不然就没有了。

你瞧，店员通过仔细揣摩客户的心理后，就能在说话时投其所好，那么交易自然就达成了。

◎ 人都喜欢美好的事物

在新加坡飞中国的某航班上，由于华人较多，中餐最受欢迎，已经所剩不多了，可还有许多乘客没有拿到午餐，怎么办呢？

如果是平时，空姐肯定会询问乘客，是选择中餐？还是西餐？如果乘客选择了中餐，却没有办法为其提供，那么势必会引起不必要的麻烦。

于是，空姐换了一种方式对乘客说："我们有以优质香草和精致黑胡椒嫩煎而成的富含多种矿物质的三文鱼，以及普通的盒饭，您选择哪一种呢？"

空姐把西餐描述得特别精致可口，而中餐却只是轻轻带过，结果，后面的乘客大多都选择了西餐。

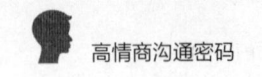

空姐就是抓住了人们都喜欢美好事物的心理，用投其所好的方式解决了午餐难题。

◎换句话说，为他好

有一家公司是专门为汽车厂商提供导航系统的，可是汽车厂商每次都会把价格压得很低，今年更过分，直接要求降价3%。如果同意汽车厂商的要求，那么公司将没有多少利润可言，可如果不同意，那么就彻底失去了合作的机会。

这家公司的总经理很想改变这种状况，就想，如果我们生产一些高端的产品与汽车厂商合作，是不是利润会高一些呢？

于是总经理就跟汽车厂商说："我们以后可以合作一些高端的导航系统。"

结果可想而知，这个建议直接被汽车厂商拒绝了。总经理回去后，总结了失败的教训，换了一种说法："为了提升汽车的特色和卖点，我们可以为你们公司的汽车做定制款导航系统，不知道您有没有兴趣？"

结果，汽车厂商立刻就同意了，说他们也正准备定制一款旗舰产品，这与他们的想法不谋而合。

你看，同样的内容，只要换一种说法，投其所好，结果就完全不一样了。

常言道"话不投机半句多"，可见说话是有讲究的。千人有千面，每个面孔下都有一颗奥妙的心，每颗心里都有自己独特的喜好，因此，每个人感兴趣的话题也是不同的。如果我们在交流时能尊重对方的喜好，适时投其所好，就可以把话说到对方的心坎上，从而拉近彼此之间的距离。

选择的自由：给他选项，让他去选

给予他人选择的自由，是一种高超的说话智慧。"选择的自由"是我们说话时可以利用的一个重要心理原则，用好它的关键在于给出两个巧妙的选项，让对方无论怎样选择，都是我们想要的。由于我们给了对方选择的自由，对方不会有被强迫的感觉，也更愿意为自己的选择负责。所以，无论是在工作中，还是在日常生活中，我们说话时都要善用"选择的自由"心理原则，给出选项，让对方去选。

先来看一个案例：

王芳工作的餐厅为了提高利润，决定要推出饭后甜点。在客人用餐完毕后，服务员一般都会这样询问："您要不要来一份甜点？"听到服务员这样问，客人如果喜欢甜点就会再点一份，如果不喜欢就会婉言谢绝。这样过了一个月以后，餐厅饭后甜点的销售额并没有显著提升。

餐厅经理王芳琢磨着该如何提升甜点的销售额，于是她对所有的服务员进行了话术培训。当服务员们再次推销饭后甜点时，他们是这样说的：

"我们餐厅最近推出了新甜品，有草莓牛奶布丁和抹茶蛋糕，您喜欢哪一种？"客人们听到这样的提问后，往往会下意识地选择其中一个。这样一来，甜点的点单率大大提高。

从上面餐厅的例子中我们可以看出：想运用好"选择的自由"心理原则，关键在于巧妙设置选项。其实，"草莓牛奶布丁"和"抹茶蛋糕"这两个选项中，客人无论选哪个，餐厅都达到了目的。再设想一下，如果把两个选项换成"菊花茶"和"抹茶蛋糕"，一定会有相当一部分人会选择"菊花茶"，那么甜点的销量就得不到提升了。

虽然，我们设置的选项限制了对方的选择，但他也不会产生多少被强迫的感觉，因为说到底，"选择的自由"就是让对方自己做出选择，而不是我们强迫他选择。所以我们在说话时要给对方选择的自由，让对方有自己做决定的感觉。

说到这里，我们再来看一下下文中的小郑是怎么做的。

在一家公司做人事专员的小郑最近感到十分苦恼。每月十五号公司都会在当天下班后组织茶话会，在会上分发小礼品，联络员工之间的感情。但是最近几个月参与的人数越来越少，领导给小郑布置了任务，必须保证茶话会的出席率达到90%。

茶话会的前几天，小郑给公司全员发信息："请全体员工按时出席本周五17:00举行的茶话会，收到请回复。"但是信息发出后，回复的参与的人只有70%左右，到了茶话会当天，依然有很多人没来。

为了完成领导交代的任务，小郑必须改变方法，她想到既然每次茶话会都会分发小礼品，为什么不让大家自己提前选呢？于是她再次发出信息："公司茶话会将在本周举行，为大家选购两种小礼品供大家选择：保温杯和充电宝，茶话会当天现场领取。"

信息发出后,小郑发现之前从来不参加的人也给她发来回复信息:"我要保温杯。"

茶话会当天,公司全员基本都到齐了,小郑圆满地完成了领导布置的任务。

小郑巧妙利用了"选择的自由"心理原则。其实她的目的是让大家都出席茶话会,无论大家选什么礼物都没关系,只要按时到场就行。而公司的员工们选到了自己想要的小礼品,自然会想着按时出席茶话会,小郑的目的也就达到了。

运用"选择的自由"心理原则时,由我们给出规定范围内的选项,对方既能感受到我们的尊重,又会忽略其他情况,这时,我们就全面地掌握了说话主动权。看起来我们把选择权给了对方,实际上还是我们在起主导作用,我们设置的选项就是我们想要对方做的事,无论他选什么,我们都能达到目的。

在设置选项时,我们要把丑话说在前面,提前告诉对方最差的可能性,这样会降低对方预期,无论选哪种对方都会感到满意。而且两个选项不要相差太多,这种"没有选择的选择"会让对方产生被强迫感,认为我们在为难他。

总之,学会运用"选择的自由"心理原则,能让我们更会说话,也让别人"更听话"。

被认可欲:每个人都想得到别人的认同

希望被尊重、被喜欢、被认可是所有人共同的心理,我们每个人都有"被认可"的心理需求，这种心理需求使我们渴望得到他人的认可。有时候，我们明知道对方说的话中有夸大的成分，自己并没有他说得那么好，但是心里还是会感到很高兴。我们在说话时，也可以利用这一心理，认可对方，满足对方的被认可欲，会让双方的沟通更加和谐顺畅。

聪明的人还会通过满足别人的被认可欲，来达到自己的目的，不过这种目的一定要是善意的，我们可以看看下面这位聪明的妻子是怎样做的：

小敏的丈夫从来不会主动做家务，下班回家后就往沙发上一坐，什么也不干。这一天，小敏正在做大扫除，要打扫的地方太多了，她很想丈夫能帮帮忙。

"厨房的抽油烟机很久没清理了，你帮帮我。"丈夫听了不情不愿地站了起来，走到厨房看了看抽油烟机，皱着眉头一副不愿动手的样子。

小敏看到后说："清洁抽油烟机要根据说明书操作，太复杂了我看不明白，你是搞计算机的，这么聪明一定很快就弄好了。"丈夫听了小敏的话找出说明书，干劲十足地开始清洗抽油烟机。

小敏充分认可了丈夫的职业和能力，让他感到自己被需要、被尊重，于是心甘情愿地接受了妻子的"求助"。当我们被别人认可时候，就表示我们能达到他人的期望，能做出让他人满意的成果，一旦我们的被认可欲得到满足，我们就会产生回应他人期待的冲动。就像文中的丈夫，面对再麻烦的请求，也会欣然接受。

我们在满足对方的被认可欲时可以从对方的优点入手，这样我们的认可会显得更加真诚，对方也会更加愿意满足我们的请求。

俗话说："金无足赤，人无完人。"世界上没有完美的事物，每个人都有缺点和优点。我们要善于发现别人的优点和长处，并给予充分的认可和鼓励。说话时充分认可对方能表达我们的善意，让对方愿意向我们敞开心扉，而且能够以柔克刚，化解对方的防备和抗拒心理。只要满足了"被认可欲"，对方即使再难对付，也会心甘情愿地配合我们，接受我们的请求，哪怕是小孩子。

小田的侄子是一个标准的"熊孩子"，他今年五岁，平时油盐不进，谁的话都不愿听，家里的大人都管不住他。

有一次侄子和小田一起外出，两人走到了一个十字路口，小田想让侄子牵着他的手，便说："过来，我牵着你过去。"侄子却不让牵。小田一直说，他一直拒绝。

两个人在路口僵持了一会儿，小田想了想换了一种口气，说："路上车太多，我很害怕，你就不能牵着我过马路吗？"小侄子听了这话，十分开心，像个小大人一样牵着小田的手过了马路。

例子中的小侄子虽然顽皮又倔强，但是在被当成大人对待时，他却感到非常开心，也愿意配合小田牵手过马路。小田本来可以强行拖着侄子过马路，但是他却抓住了小侄子想被当成大人

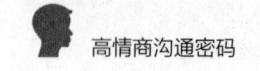

的心理需求，并且认可他。小田这样做不仅让双方都很愉快，也达到了安全过马路的目的。

通过这个例子，我们可以知道：认可对方前，要先了解对方的心理需求，知道对方真正在乎什么，才能做到有的放矢，说出对方真正想听的话，也能避免犯对方的忌讳。比如，当我们夸奖一个女孩长得漂亮，说她像某个明星，如果她也很喜欢这个明星，她会觉得很开心。如果她恰恰很反感这个明星，听到我们这么说，她一定会不高兴。

每个人都有不同的兴趣爱好和生活习惯，价值观和世界观也存在着很大的差距，对人和事的喜好也不一样。所以，我们在表达认可时尽量不要把对方与其他人作比较。就算要作比较也要先问问对方："你觉得某某人怎么样？喜欢他吗？"如果对方对这个人印象不错，我们就可以顺势赞美对方："怪不得你喜欢他，你们有很多相同的优点哦！"对方听了一定会很开心。而且，我们还要记住，发自内心的认可才能打动对方，随口敷衍不仅不能达到我们说话的目的，还会让对方觉得我们不真诚，不愿与我们进一步交往。

乐于认可他人是情商高、会说话的表现。满足对方的"被认可欲"一方面能让我们更好地达到说话的目的，另一方面也能使对方感到愉悦，何乐而不为呢？

非你不可：唯一性，增加信赖度

"这件事只有你能办到！""缺了谁都可以，就是不能没有你。"每当我们听到这样的话时，都很容易被对方说动。因为从对方的话中，我们会感到自己是特别的，我们的内心充满了被人信赖的优越感，这种感觉会让我们轻易地接受对方的建议，答应对方的请求。有时，就算我们心里有一些不情愿，也会勉为其难地答应下来，这就是"非你不可"心理原则的魔力。

如果我们在说话时，能运用好"非你不可"心理原则，就能顺利地说动对方，达到"一击必中"的效果。下面这个案例就很好地说明了这一点。

小王最近刚入职一家新公司，公司正在拓展新业务，工作压力比较大，小王干了半年后萌生了辞职的想法。他的直属上司李经理知道后，找他谈心，希望能留住他。

李经理问小王："你的工作一直做得很不错，公司也越来越好了，继续干下去一定会有不错的前景，为什么突然要辞职呢？"

小王回答："公司的工作压力太大了，我不是很适应。"

李经理想了想说："你再考虑考虑。"

又过了一段时间，小王还是坚持要离职，李经理再次找到他，态度恳切地对他说："工作压力大你想离职，这我能理解。但是我的部门现在还离不开你，别人都能走，就是小王你不行。"

小王听了李经理这番话，决定留下来再在公司坚持一段时间。

案例中的李经理巧妙利用了"非你不可"的心理原则，让小

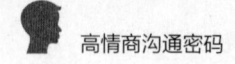

王觉得部门没有他就无法开展工作,他是特殊的,是被上司特别看重的。而且,李经理在劝说时加入了小王的名字,用"只有小王你"这短短五个字就让说话的效果大大增强了。

加入名字能让"非你不可"的效果增强,让对方产生一种特殊的、受重视的感觉,从而更乐于回应我们,对我们产生更多好感。

再来看一个案例:

张杭经常在A公司购买电子产品,是A公司的忠实客户。大家问他为什么这么喜欢A公司的产品,难道是因为A公司产品质量特别好吗?张杭回答说:"其实质量都差不多,但是这家公司的售后服务特别好。"

有一次张杭的手机出现了故障,他知道一定时限内可以免费更换,就联系了客服。客服是这样回复他的:"为了感谢张先生一直以来对本公司的支持,我们只为您提供免费更换服务。"其实,只要符合售后服务条件的顾客都可以免费更换故障手机,但是客服的话却让张杭觉得自己特别受重视。从此,他更加喜爱A公司的产品了。

本来是正常的售后服务,但客服人员的话却让张杭产生了受到"特殊待遇"的感觉。甚至觉得自己免费换到新手机,是占了便宜。于是张杭对A公司更有好感了,并且对A公司产生了信赖。购买电子产品时总是第一个想到A公司。

说话时运用"非你不可"心理原则除了让对方产生"信赖感",还可以让对方产生一种"优越感",认为自己是特别的,是被选中的,这种"信赖感"和"优越感"能让对方愿意回应、配合我们,让我们达到说话的目的。

运用"非你不可"心理原则就是成全别人的优越感,让别人从内心对我们感到信赖,我们在运用这一原则时,要注意把握好下面两个原则:

◎谦虚礼貌、不卑不亢

趾高气扬、咄咄逼人的说话方式固然让人不喜,但是过分的谄媚也让人厌恶。我们虽然对对方说出了"非你不可",但并不代表我们需要奉承对方。善用"非你不可"心理原则的人,既不会高高在上,也不会过分的低姿态,而是会用谦虚礼貌、不卑不亢的态度来说话。谦虚礼貌是尊重对方,不卑不亢是尊重我们自己。

◎适当夸奖和赞美对方

赞美总是会使人产生"我很特殊"的感觉。适当的夸奖和赞美,能让"非你不可"的理由更加真实和充分。我们要找出对方的优点,并在说话时真诚地赞美,适当地放大,然后告诉对方"非你不可",这样才能让对方产生"优越感"和"信赖感"。

每个人都希望自己能成为别人心目中的重要人物,发挥举足轻重的作用。满足对方的这种心理需求,运用"非你不可"心理原则,就能提升语言的力量,让别人回应我们的请求,并充分地信赖我们。

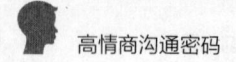高情商沟通密码

儆其所恶：规避风险，谨慎提醒

"儆其所恶"的意思是使对方远离自己所厌恶的事物。面对比较难说服的人，我们可以运用"儆其所恶"的心理原则。

相信大家都看到过这样的场景：公园的草坪上挂着"禁止踩踏"的牌子，有的人还是会偷偷踩踏草坪。商场中的贵重商品旁写着"禁止触摸"，但总有人管不住自己的手。不让他做，他偏要做，有时候有些严厉的话语，不但起不到劝阻的作用，反而会激起大家的逆反心理。

如果换一种方式呢？把"禁止触摸"换成"易碎物品，请勿触摸"，相信随意触摸的人一定会大大减少，因为随意触摸，有可能会打碎商品，需要付出经济赔偿。

事实上，"儆其所恶"就是要明确告诉对方做这件事的坏处，而对方想要远离这样的坏处，自然就不会去做了。"儆其所恶"是让对方主动选择怎样做，而不是被我们规定要怎样做。

下面这位影院工作人员就做得很好。

有一位妈妈，带着孩子在电影院看电影，可是她却不管好孩子，让孩子在电影院里跑来跑去，而且大声吵闹。

这个孩子严重影响了其他观众观影，其中一位观众十分愤怒，大声斥责这位妈妈："管好你儿子！在电影院里吵吵闹闹影响别人看电影，太不像话了"。结果这位妈妈不仅不管教孩子，反而和这位观众吵了起来。

这时，循声赶来的工作人员对这位妈妈说："电影院里黑漆漆的，台阶又多，孩子跑来跑去摔倒就不好了，还是让他坐好。"

这位妈妈听了以后，立刻就把孩子叫回了座位，并阻止了他再次乱跑。

上述案例中的影院工作人员在说话中就巧妙地运用了"儆其所恶"心理原则，让被说服的那位妈妈意识到了自己行为背后隐藏的坏处，并主动接受了建议。从例子中我们不难看出，在说服和劝阻他人时，"儆其所恶"心理原则能形成很强的约束力。让我们能更有效地说服对方。

那么，我们在说话时要怎样遵循"儆其所恶"心理原则呢？下面三点建议值得参考：

◎ **避免直接命令对方**

有的人在说服对方时，会忍不住直接命令对方，并不假思索地把命令的话语说出来，这样的沟通方式很容易引起对方的反抗，不仅达不到我们的目的，还会招致反感。

我们在沟通时，有时免不了要用强硬的态度去说服对方，但是请记住，尽量不要使用"禁止……""不要……""请勿……""不许……"之类的命令式话语。

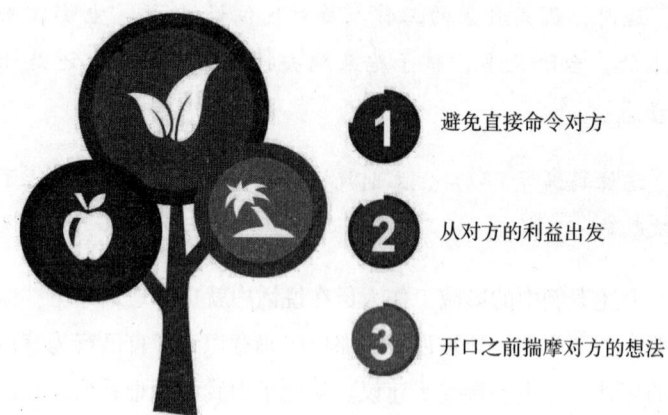

图 1-1 规避风险 谨慎提醒的方法

◎从对方的利益出发

当我们试图说服对方或者提出请求时，一定要让对方感觉到我们是在为他的利益考虑，我们的诉求与他是一致的。在上面的案例中，第一位观众斥责那位妈妈时说熊孩子"影响大家看电影"，这是从自己的利益出发，没有得到那位妈妈的认同。而电影院工作人员则为熊孩子考虑，提醒妈妈不要让孩子摔跤，妈妈立刻便听进去了。

所以，我们在沟通时，多从对方的利益出发，这样才能让对方乐意接受我们的观点。

◎开口之前揣摩对方的想法

我们在沟通时，如果遇到对方态度强硬，那么在开口之前一定要先揣摩对方的想法，猜测一下他的应对态度，如果对方接受的可能性很大，那么我们当然可以直接说。如果对方拒绝的可能性较大,那么我们就不要直接说。

我们还可以揣测一下对方的好恶,看看他忌讳什么,试着从这方面说服他。比如一个人十分吝啬、爱占小便宜,但是又很迷信,那我们就可以告诉他慷慨大方的人会有福报,相信他一定会听进去。

掌握了上面三个要点,我们在说话时就能把"傲其所恶"心理原则运用得更自如,即便对方再强硬,我们也能想办法说服他。

情感共鸣:找到彼此的相似之处,打开他的心门

与人沟通、说话时如果能找到与对方的情感共鸣,就能快速赢得对方的好感和信任,让对方向我们敞开心扉,从而营造愉悦的说话氛围,达到自己说话的目的。

要知道,在日常交流中,并不是所有的人都会对我们所谈的话题感兴趣的。要想让聊天更顺畅,就需要我们在说话时,找到与对方有共鸣的话题,打动对方的心,让对方愿意与我们交谈。一个有共鸣的话题就像是一颗石头掉入了水中,总能让对方给我们回应。反之,如果我们在交流时没有与对方产生情感共鸣,那么我们与对方就会变成两条平行线,怎么聊也难以产生碰撞和交集。下面案例中的记者就非常擅长运用情感共鸣来打开对方的心门。

有一位记者,每次出去采访,都能又快又好地完成采访任务,同事们向他请教经验,他说在采访时最重要的是与受访

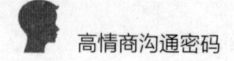

者在交流时产生情感共鸣,这样受访者就能很快地与他倾心交谈。

有一次,记者要去山里采访一位老人,老人见到记者后很是拘谨,根本没有办法开展工作。后来记者发现老人的口音不像是本地人,就问道:"老人家,听您的口音像是河南的,您祖籍是河南的吗,是河南哪里的?"

老人家这才说:"是的,我老家是河南郑州的,年轻的时候就过来了。"

记者学着用河南口音对老人家说:"郑州好呀,我上个月还去郑州出差了的,是个好地方。"

老人家听记者用河南口音说去过郑州,一下子就没有了拘束感,还和记者聊起以前在郑州的人和事,打开话匣子后的老人,与记者谈天说地,记者也顺利地完成了采访任务。

瞧,案例中的记者正是因为发现了老人口音的不同,而找到了与老人共鸣的点,迅速地拉近了与老人之间的距离,然后顺利地完成了采访任务。

在交流的过程中,我们要善于发现和对方相似的地方,利用对方的爱好、境遇和经历等作为交流的切入点,唤起对方的情感共鸣,使对方在情感上更倾向于我们,从而促进我们与对方更好地交流。

一个高情商的人,往往具备一双慧眼和一颗"七巧玲珑心",他们总能揣摩并发现与对方情感相同的点,然后走进对方的内心,从而达到沟通的目的。

那么,我们要如何做才能引起对方的情感共鸣呢?以下几点建议值得参考:

◎说一说彼此都曾经历过的事或都曾去过的地方

唤起对方情感共鸣的方法之一就是在说话时,多说一些彼此都曾经经历过的事,或是都曾去过的地方,然后和对方一起讨论并发表自己的感受,这样才能通过共同的话题展开交流,并快速地获得对方的认可。

◎多站在对方的角度思考

说话时多站在对方的角度思考,多肯定对方的想法,这样会让对方觉得我们与他是同一战线的,从而在心理上与我们产生共鸣。

◎一定要真情实感

要知道,真情实感是情感共鸣的基础,因此,我们在说话时要本着真心实意、互相坦诚的原则,平等地与对方交流,用真挚的情感打动对方的心,这样才能真正在心理上与对方达到情感共鸣。

总而言之,找到彼此的相似之处,打开对方的心门,让对方与我们产生情感共鸣是一个重要的说话技巧。人与人之间交流的关键在于情感的互动,而情感互动的关键在于彼此之间情感的共鸣,因此,情感共鸣才是沟通时真正的"杀手锏"。

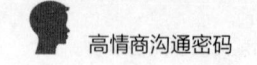

温暖法则：温和的话语让人如沐春风

温暖法则又叫"南风效应"，它来源于法国作家拉封丹写的一则寓言：

有一天，北风和南风比威力，看谁能让行人把身上的大衣脱掉。北风首先发威，给行人来了一个寒风凛凛、寒冷刺骨，行人为了抵御寒冷的北风，不仅没有把大衣脱掉，反而裹得更紧了；而南风则不同，它轻柔吹拂，顿时和风扑面，倍感温暖，于是行人纷纷解开大衣纽扣，脱掉了大衣。比赛结果南风得胜。

后来这则寓言故事成为了社会心理学的一个概念，它告诉我们：温暖胜于严寒。如果将这一法则运用到日常交流中，就是：我们在说话的过程中要注意语言、语气的使用，最好是用友好、温和的"南风"式语言，而不是用犀利、不恭、冰冷的"北风"式语言与对方交流，这样才能使对方在不知不觉中接受我们，并敞开心扉，倾心交谈。否则只会使对方在心理上对我们垒起一道无形的"心墙"，不利于彼此的交流。

温暖法则究竟有怎样的魔力呢？我们不妨来看看下面这个案例：

李华是一家大型超市的客服经理，她在给其他客服人员做业务培训时说得最多的一句话就是：学会使用温和的语言，问题就解决了一大半。

李华刚刚进入这家超市时，也是一名普通的客服人员。由于工作原因，她经常要接待一些特别愤怒的顾客。有的说商品质量不理想，有的说不想要了要退货，还有的顾客甚至把买回家的食品都快吃完了还要求退款。只要要求得不到满足，他们就会找各种理由，把气撒在李华的头上。

但李华每次都告诉自己，不要因为顾客的情绪而忘了客服人员的工作——解决问题。因此，她总是会面带微笑且耐心地听完对方的所有抱怨或责备。然后，温和地对顾客说，"嗯，我知道您的诉求了""我理解您现在的心情""很抱歉给您带来了不便""您放心，我一定为您争取最大的利益"……

有一次，一位七十多岁的奶奶带着自己的孙子小智到超市购物。小智着急去玩具区，一不留神撞到了货架上，被一瓶掉下来的洗发液砸中了头。小智哇哇大哭，奶奶见状，顿时在超市喊了起来，说超市的货品摆放不安全。看见小智自己乱跑的工作人员马上过来说："您看，您不能不讲理吧，明明是孩子自己乱跑，您没看住孩子，怎么能怪超市呢？！"

奶奶听后，更加愤怒，干脆坐在地上，大喊大叫说超市欺负老人和小孩，东西砸了人不想负责，引来了大批围观的人。

闻讯赶来的李华见状，立刻柔声细语地说："奶奶，地上凉，您先起来，我们先看看小朋友的头有没有受伤？"

奶奶听后，一边说着"这才像解决问题的呢"，一边站了起来，跟着李华来到超市的接待室里。

李华始终在安慰奶奶："您放心，有问题我们都会解决的。您看您这么大岁数，可不能生气啊，您一生气，小朋友该害怕了。"然后，又转头对小智说："头疼不疼啊？跟阿姨说一说，刚

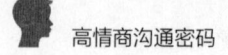

才怎么跑那么快呀?是不是喜欢那个奥特曼的玩具啊?阿姨也很喜欢呢。"

小智点点头说:"是,我太着急了,没注意就撞上了,然后有个东西掉下来砸了我,但是我不疼了。"

听孩子这样说,李华心里就有了底。她继续对奶奶说:"奶奶您这孙子可真棒,诚实还坚强,简直就是个小男子汉,多有担当,您平日里一定没少教育他,您是个了不起的奶奶。"

奶奶听着李华的话,也知道了是孙子自己跑太快了,而且作为家长她也有看护不周的问题。于是对李华说:"本来也不是什么大事儿,结果你们那个店员一下子就说我不讲理,我才生气了。这事儿也是我们自己不小心……"

你瞧,一句粗暴的话就让事情朝着坏的方向发展,而一句充满友善、温暖的话则把问题一下子变得简单起来。案例中,李华和另外一名店员的话形成了鲜明的对比,整个过程中,李华没有对老人和孩子有一点指责,而是始终用贴心、温暖的话让奶奶从最初的愤怒转为自省,轻松化解了一场矛盾。

有人说:"做人就应该像蜡烛一样,在有限的生命中,发一分光发一分热,给人以光明,给人以温暖。"我们在日常交流中也应如此,如果我们用亲切、温和的语气和对方说话,那么,就可以给对方带来心灵上的慰藉和温暖;如果我们总是用冰冷、强硬的语言和对方说话,那么,我们将一直生活在痛苦的争吵中,长此以往,谁又愿意和我们说话呢?

要知道,只有发自内心的温和的语言,才蕴含着无穷大的影响力，因此，在交流中，我们要善于运用温暖法则，利用语言的魅力，让人感受春天般的温暖。

焦点效应：每个人都希望成为众人瞩目的焦点

所谓焦点效应，是指我们高估了别人对自己外表和行为关注度的一种表现。这种表现意味着我们会把自己当作焦点的中心，并且无限地放大别人对自己的注意程度。

焦点效应是一种非常普遍的心理现象，可以说人人都有这样的心理需求。在日常交流中，几乎每个人都有过这样的体验。

同学聚会时，有同学拿出一张当年的毕业照，几乎每个人都会在第一时间找到照片上的自己，并且会关注照片中自己的形象；与好朋友在一起聊天的时候，总会有意无意地把话题转移到自己的身上；在各种聚会场合，总会想方设法地博取别人的关注，甚至想成为众人瞩目的焦点……总之，不管我们在什么情况下，在怎样的场合中，我们都希望得到别人的关注，都觉得自己是焦点。

既然人人都有一种想要成为焦点的心理，那么，我们在说话时就不能忽视焦点效应，而应该尝试着通过话语去满足他人的"焦点心理"。倘若我们在说话时过于考虑自己的内心感受，而忽视了他人渴望被重视、渴望被关注的"焦点心理"，就可能让自己陷入麻烦之中。

让我们来看看下面这个小故事：

业务员周涛走进客户办公室的时候，客户正在打电话，于是他静静地坐下来，仔细地观察客户的办公室。在办公室里有一个硕大的书架，上面摆满了书籍，客户的桌子上有几张被精心装裱过的照片，其中一张正是客户穿着博士服的毕业照，照片的一侧还写着四个字"大展宏图"。

当客户打完电话后，周涛说："李总，我刚刚在桌子上看到了您的毕业照，才知道您是博士毕业，不知道您读的是哪所大学？您是博士又管理这么大的公司，真是太了不起了！"

客户听完，笑着说："哪里，过奖了，这是以前……"并讲起了自己大学时代的故事。

客户聊了一会儿后，就主动说起了周涛公司的产品，他们就产品问题展开了谈论，但是当周涛说出价格之后，客户就没有再继续说话了。周涛立刻转换了话题，说："李总，您毕业照上的字是您自己写的吧，字体苍劲有力，气势磅礴，您对书法一定很有研究吧？"

客户一听，马上多云转晴："过奖了……我对书法……"后来，周涛顺利签下了这单生意。

在这个案例中，周涛因为掌握了"焦点效应"心理，做到了时刻以客户为中心，专注于对方的所思所想，从而赢得了客户的信任，取得了销售的成功。

其实，在交流的过程中，每个人都希望自己能成为对方关注的焦点，因此，我们可以适时利用焦点效应，迅速了解对方的意图，然后打破对方的心理防线，拉近彼此之间的距离。

那么，我们究竟要怎样做才能巧妙地利用焦点效应，赢得对方的好感呢？下面的方法或许可以帮助到你。

◎找到对方感兴趣的话题

在与对方交流的过程中，如果能迅速找到对方感兴趣的话题，让客户感觉自己才是整个话题的核心，就可以借此来打破交流的"瓶颈"，使客户愿意与你继续交谈。

◎虚心请教

虚心请教是我们尊重对方的一种表现，因此，在交流中，我们可以适当地向对方请教一些问题，使对方对我们产生好感。

比如，我们可以这样问："我想请教您在这方面的经验""关于这件事情，您有什么看法？""对于我刚才的观点，您还有没有需要补充的？"用这样的方式不仅可以创造与对方说话的机会，而且还可以让对方感觉自己是被尊重的。需要注意的是，请教时的态度一定要谦和恭敬，这样才更有利于交流的顺利进行。

◎真诚地赞美对方的优点

要知道，赞美可以使人心情愉悦，在与对方交谈时，我们要善于发现对方的优点和长处，然后真诚地赞美对方，让对方感受到自身的优越性，愿意与我们继续交谈。

因此，在日常的交流中，我们要抓住对方的焦点效应心理，以对方为中心进行交谈，让对方在整个交流的过程中感觉自己是被尊重、被关注的，这样才能使交流变得更顺畅。

第二章

谨记！每次开口，都要经过以下4步

　　人与人之间的交流，并非只是说话那么简单。所谓的沟通，不但要说话，还要能达到说话的目的。俗话说，谨言慎行，在开口说话之前，先在脑海里仔细想一想自己即将要说的内容，揣摩一下听话者的心理，并选择恰当的措辞和语气，可以让我们的表达更清晰、更明确、更具效果。

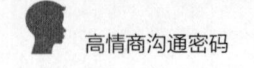

第一步：不要不思考就直接表达

说话对于我们每个人来说都是再简单不过的一件事，只要不是哑巴，每个人都会说话。可是实际上呢？有些人确实"不会说话"，他们开口前从不思考，说出的话像刀子，句句伤人。

这些"不会说话"，或者说不思考就直接说话的人，是非常容易得罪人的，因为他们三言两语之间就能招惹是非。生活中这样的人有很多，比如，有的服务员上米饭时会问："谁要饭？"有的人坐上出租车，张嘴就说："今天这么堵，跑不了几单生意吧。"这样的话听在别人耳朵里怎么会舒服呢？所以，我们在开口之前，一定要先思考。

或许，下面的案例可以给你一些启发：

小丽在一家餐厅只工作了一天，就被老板炒了鱿鱼！事实上，小丽在工作上并没有出现重大错误，问题就出在了说话上。

当天中午，餐厅的客人很多，小丽和其他服务员都忙着接待客人。这时,有一位带小孩的客人请小丽帮忙再拿一个碗,因为是给孩子用,所以那位客人特别强调碗一定要洗干净一点。小丽马上便满足了客人的要求,她拿着一个碗在餐厅大堂里大声说:"洗干净的碗来了,是谁要用洗干净了的碗?"其他客人听到后纷纷表示:"难道我们用的碗都没洗吗?"老板知道后很生气,当天就把小丽给开除了。

小丽的话虽然是无心的,但却造成了误会,也让她丢了工作。在工作场合,本来就应该谨言慎行,小丽却不思考就直接开口,大大咧咧地说出了容易让人误会的话。

在工作中,我们说话要谨慎,在生活中,我们也要把握好说话的分寸,开口前想一想我们的话说出来是否合适,千万不要做下文中的方芳。

方芳性格外向、爱交际,经常在小区门口和邻居聊天。这一天,她正好遇到小区里的王奶奶,她笑着跟王奶奶寒暄:"您下楼散步啦!身体真不错,您今年多大岁数啦?"王奶奶笑着回答:"八十一啦。""哎呀,您可真是高寿,身体还这么好。"王奶奶听了这话高兴得笑了起来。

可是,方芳很快便话锋一转,说:"五号楼的陈爷爷去年走了吧,他比您还小一岁呢,您可要注意身体啊,要不然今年就轮到您了。"听到这话,王奶奶脸上的笑容一下子没了。

方芳不合时宜的话一下子就把王奶奶得罪了,不仅没有表达出对王奶奶身体的关心,还让王奶奶感到十分扎心。

说话前先思考,能帮助我们快速有效地表达自己的意思,树

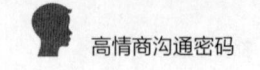

立良好的自我形象。说错话会误事，如果只图自己痛快，不经大脑地说话，只会给自己带来麻烦，甚至造成严重的后果。反之，如果我们在说话之前能思考一下，想一想说出来的话会带来什么后果，就能把说错话的概率降低很多。为了避免祸从口出，我们在说话前应该先问自己三个问题：

◎我能保证我说的是真的吗？

小刘兴奋地跑进办公室，对同事说："告诉你一件绝对想象不到的事……"同事听完后，问道："你要告诉我的事是真的吗？你是怎么知道的？"

小刘听完这话后愣住了，因为他也无法判断这件事是不是真的。

我们要为自己说出去的话负责，在不能确定真实性之前，有些话最好不要说。我们要记得"三人成虎"的道理，有的事实会在传播的过程中被歪曲，我们在传播这些话时，也会无意中成为谣言的散播者。而流言蜚语带来的伤害是无法估量的，如果不经思考和证实就去传播它们，我们就等于是帮凶。

◎我说的话是出于善意的吗？

小李想在公司聚餐上活跃气氛，他对自己这一桌的同事说："告诉你们一个秘密，王会计的脚特别臭，你们谁敢闻他的脚，我就自罚三杯。"同事们哄堂大笑，而王会计听到后脸色一下子变了。

很多人都像小李一样爱开玩笑，以此来活跃气氛。开玩笑当然无可厚非，但是带着恶意和挖苦的玩笑却让人反感。在我们开玩笑、抖机灵，或者评价别人之前，一定要想一想自己的话是不是出于善意。没有人愿意和一个喜欢口出恶言的人说话和交往，我们说出口的话，一定要带着善意。

◎我要说的话真的那么重要吗？

小伟刚入职一家公司不到一个月，就赶上一位同事喜得贵子。这位同事打算请整个部门的人一起吃顿饭，热闹热闹。于是，大家利用中午休息的时间讨论起去哪儿吃、吃什么的话题来。

小伟听了半天，觉得不对劲儿，于是干咳了两声说："不好意思，各位，我有个想法。既然人家是喜事儿，我们是不是该表示一下拿个红包呢？反正我不好意思白吃人家的。"

此话一出，大家都不再说话了。最后还是一位老员工对小伟说："咱们公司的惯例就是谁高兴谁请客，但绝不收红包。所以，你可以自便。"

我们有时候会急于表达自己的观点，觉得话到嘴边不得不说。但是在我们说话之前应该先想一想："我要说的话真的有那么重要吗？必须要现在就说出来吗？"如果不是紧急的、重要的话我们可以稍后再说，等一等也没什么大不了。

德谟克利特曾说："别让你的舌头抢先于你的思考。"在开口说话之前，一定要先思考一下，问问自己上面的三个问题，不真实、不友善、不重要的话没有必要说，不要让恶语伤人。

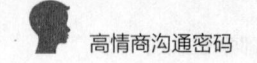

第二步：他怎么想？先揣摩对方的心理

要获得良好的沟通效果，把话说到对方的心坎里，就要在开口说话之前先揣摩对方的心理，通俗来说就是要察言观色、把握说话的分寸。如果不懂得揣摩对方心理，说话没分寸，不体谅对方，就有可能会引起对方的不快，从而引发矛盾。

比如，丈夫在单位和领导发生了矛盾，回到家后脸色很不好，而妻子却没有察觉到，仍然像以前一样唠叨丈夫，丈夫顶了几句嘴，于是两人便吵了起来。

如果妻子善于揣摩丈夫的心理，就能很快发现丈夫的情绪不佳，那么她就会改变方式，不再像以前一样唠叨，而是关心鼓励丈夫。这样的话，丈夫就会心怀感激，并且向妻子倾诉自己的困扰，无形中就会拉近夫妻之间的距离。

揣摩对方的心理，是我们开口说话前的基本步骤。说话前不揣摩对方心理，就像出门前不看天气预报，也就无法根据对方的反应做出适当的应对。要想达到说话的目的，我们就应该学会揣摩对方心理，根据对方的反应看出他的真实想法，再有针对性地和他进行沟通。

下面案例中的小倩就为我们作出了很好的示范：

小倩开了一家服装店，有一天一对夫妇进了店。刚进门丈夫就接到了一个电话，妻子一个人在店里转了一会儿，似乎看中了一件黑色的毛呢大衣，她试穿后很满意，小倩上前询问："这件大衣非常适合您，而且是我们店里最后一件了，您喜欢就拿下

第二章 谨记！每次开口，都要经过以下4步

吧。"妻子说："是挺好，就是有点贵。"小倩没有再劝，而是转移话题："现在肯专门花时间陪太太逛街的男人不多，您真是找了一个好老公。"

此时丈夫接完电话走了过来，小倩又适时地说道："先生，您太太看中了这件大衣，穿起来可好看了。"丈夫看了看价格说："是有点贵。"这时，小倩注意到那位妻子的脸色不太好，于是便说道："难得这位先生陪太太出来逛街，这件衣服太太穿着也非常合身，这样吧，最后一件了，我给您打九折，您看怎么样？"

丈夫看出妻子十分喜欢这件大衣，再经过小倩的劝说和打折，就十分爽快地买了下来。

小倩通过揣摩这对夫妇的心理，利用丈夫对妻子的关爱之情，再加上打折的手段成功卖出了这件毛呢大衣。我们说话的对象是人，所以我们要研究人的心理。只有说话前先揣摩对方的心理，了解对方的想法，及时掌握对方的心理变化，才能达到我们的沟通目的。

有一些不法分子利用所谓的算命来行骗，声称能预测人的命运，让一些人对他们深信不疑。虽然所谓的算命先生都是骗人的，但是他们察言观色的本事却十分高明，很善于揣摩人的心理，能抓住这些人的痛点，把话说到这些人的心坎里，让这些人心甘情愿地上当受骗。

人人都希望自己说的话能真诚有效，让对方信任自己，对自己产生好感。但是，在实际生活中我们常常会遇到一些不太熟悉甚至陌生的人，这样的情况下，我们要怎样与对方快速建立好感

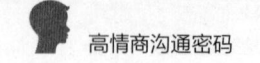

呢？此时，我们就需要通过揣摩对方的心理去了解他内心的想法，从而把话说到对方心里，让对方喜欢我们。

当然，揣测对方的心理并不是一件容易的事，需要从细微处着手。我们可以通过对方所说的话揣测对方的想法，因为人在说话时会表露自己的思维，而行为所透露的东西就更多了，通过观察对方的行为我们可以揣测他的心理状态。想要更准确地揣测对方心理，需要一定的生活经验和知识水平，以及很强的观察能力，这些都要靠我们平时的学习和积累。

如果我们在开口说话前能做到揣摩对方的心理，那么我们就可以根据对方的心理变化，把话说到他的心坎里，这会对我们与他人的交往和沟通起到十分积极的作用。

第三步：怎么说？使用恰当的措辞

"今天下班我来接你吃饭，我们6点见吧。"下班前，莉莉收到这样一条信息，信息来自她的新男朋友。面对这样一条突然的邀约莉莉感到很恼火，她本打算下班和同事去逛街，可是对方并没有跟她商量就直接通知了她，打乱了她原本的计划。

因为男朋友的一句话，莉莉的心情一下子变得很糟糕。要怪男朋友没有提前计划和通知她吗？不提前约好确实不对，可是和同事逛街也不是那么重要，完全可以改天再去。最让莉莉生气的是男朋友"命令式"的措辞，让莉莉觉得他一点也不尊重自己。

如果换一种说法呢？比如，像这样说："亲爱的，今天特别想你，晚上能见见你吗？我们6点一起去吃饭怎么样？"表达的意思是一样的，只是换了一种措辞，对方的心情马上会变得不一样。新的措辞中"今天特别想你"表达了对女友的爱意，"今晚能见见你吗？"委婉地征求对方的意见，这样的说法把令人恼火的临时邀约变成了甜蜜的惊喜。

从这个例子中我们可以看到措辞的强大力量，同样的话，用不同的措辞说出来会有不同的效果，高明的措辞能让对方的态度发生180°大转弯。

无论是工作中、还是日常生活中，我们每个人都会对别人提出请求，有的人会回应我们，有的人会拒绝我们，如果开口说话前仔细想想要怎么说，并选择合适的措辞，就会让拒绝我们的人越来越少。这样一来，我们与人沟通就会越来越顺畅，人际关系也会越来越好。

既然措辞如此重要，那么我们在开口说话时要怎样使用恰当的措辞呢？总结起来，高明的措辞不外乎是：以对方为中心、站在对方角度考虑。在实际的操作中，当我们在选择措辞时，一般需要遵循下面三个原则：

◎ **不要直接表露自己的想法**

有时候，太直白地说出自己的想法会让人反感，不仅达不到我们说话的目的，还会起到反效果。所以，我们说话前要过脑子，不要把自己的想法脱口而出。在请求别人时，也不要说出："请你一定要答应我！"这样的话，虽然我们很害怕别人拒绝，但也不要表露出来。

不要直接表露自己的想法

猜测对方的反应

真心实意地为对方考虑

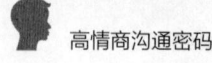

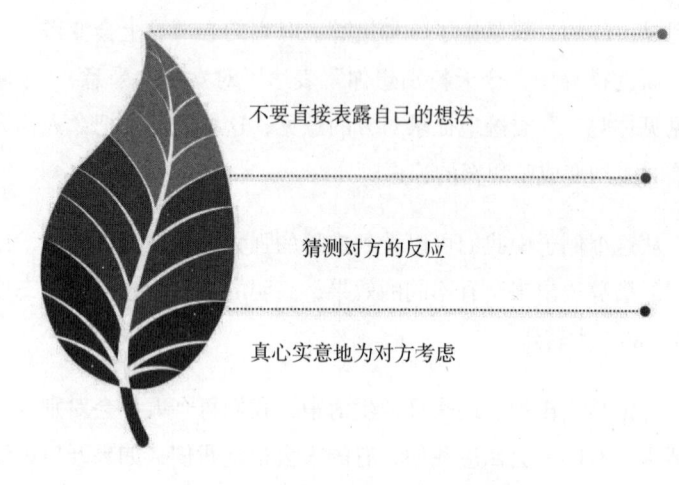

图 2-1　使用恰当措辞的三大原则

比如，有的人家里的水果买多了，于是拿出来请大家吃，他说："你们快吃啊，我买多了，再不吃就烂掉了。"本来是好意，说出来的话却不好听。

◎猜测对方的反应

我们在准备措辞之前，可以根据对方平时的表现猜测一下，他听了我们的话会作何反应。如果对方有可能会拒绝或者反感的话，我们就不要再说了。或者根据对方可能的反应，再换一种措辞方法。

比如，小明想请新认识的女孩小美吃饭，他想了一下觉得小美应该不会和刚认识的异性出去吃饭，但他还是很想进一步认识小美。于是他先约了共同认识的朋友，并改变了原先准备的措辞，说："今天我们大家一起去吃饭，你要加入吗？"小美看见一起去的朋友很多，就欣然答应了。

◎真心实意地为对方考虑

我们在选择措辞时必须考虑到对方的利益，只有当对方的利益与我们的利益一致时，我们得到正面回应的可能性才会更大。如果说话时表达自己的利益诉求，不考虑对方，那我们的措辞就是不适当的。

比如，小贩在卖菜时，想劝顾客多买一点，她会说："今天的菜又便宜又新鲜，趁这个机会可以多买一些放在冰箱里，免得明天再跑菜场。"她从顾客的利益出发，充分为顾客考虑，顾客为了方便也一定会多买一些。

只要遵循了以上三个原则，我们就能选择出恰当的措辞。那么，在开口说话时，我们就能做到心中有数了。

第四步：注意说话的场合和语气

俗话说"到什么山唱什么歌。"这句话的意思就是：说话时要分场合，到什么场合说什么话，这是一条朴素的生活经验，也是我们开口说话前必须要考虑的。

所谓的"场合"就是说话时的环境和场景，当我们说话时，环境和场景能对谈话起到不可估量的影响。它们会影响到我们对谈话内容的选择，对对方话语的理解，以及谈话的结果。而且环境还会影响谈话双方的心理，所以，我们一定要重视"场合"，在特定的场合下说适当的话，还要学会利用"场合"，用巧妙的话语来达到我们的目的。说话不会看场合的人，不仅容易闹笑话，还会得罪人。

小陈相貌堂堂，人也忠厚老实，可是就是不会说话。有一次，他去参加同学的婚礼，新人敬酒时，他拍着新郎的肩膀说："祝你新婚快乐，你是我的好哥们儿，凭我们的交情，你下次结婚我一定还会再来！"桌上的其他客人听了小陈的话都觉得哭笑不得。小陈经常会说出一些不合时宜的话，所以每逢一些重大场合，大家都不愿意请他来，他还不知道为什么。后来有人告诉了他原因，让他说话注意分清场合，注意不要犯别人的忌讳，要多说别人爱听的话。小陈这才恍然大悟。

像小陈这样说话信口开河，完全不分场合，想到什么就说什么，最后得罪了人自己还不知道的人，就是"不会说话"的人。在生活中，我们不应该让"不会说话"成为我们和别人交流、沟通的障碍。

我们每个人每天都会在不同场合、不同时间遇到不同的人，所以我们应该学会，在不同的场合用不同的方式去说话。而且，在不同的场合说话时，要用到不同的语气。

恰当的语气能让我们把话说得更生动，把意思表达得更准确。我们常说某人的口才很好，意思就是说这个人能很好地驾驭语言，而驾驭语言的能力就包括正确地运用语气。要正确使用语气，需要一定的技巧。具体如何操作，让我们来看看以下三点：

◎ **了解语气的特点**

语气具体包括两个方面的内容：思想情感和声音形式，这两者都包含在每一个基本的语句中。所以，语气就是表达思想感情的一种声音形式。语气有表意、表音、表态的作用。

表意就是传递信息，比如疑问、感叹、催促、建议、祈求、命令、商量等。这类语气词一般都以独立短句的形式出现，常用于句末。比如：可以吗？你觉得怎么样？请快一点！

表意就是传达感情，比如赞叹、惊讶、讽刺、呵斥、不满、兴奋、轻松、警告等。

表态就是表达态度，比如强调、委婉、和缓、肯定、否定等。

◎改正错误的说话语势

所谓语势，就是指说话的态度和趋势，不管一句话有多么复杂，总有开头、转合以及结尾。所以，要正确把握这三个部分的变化，要使这三个部分成为一个整体，但又意味深长。句子开头的表达方法要多样化，起承转合时要注意情绪的流动，说话的结尾要错落有致，这样才能让语气丰富，表达的情感更全面。

语势习惯改正后，在说话内容和语意的整体把握上将会更准确。这种把握是非常重要的，是运用语气的基本要求。

◎说话语气要根据环境的变化而变化

语言的表达想要取得理想的效果，不能想当然地说话，而是要考虑当时的环境，比如场合、时机以及说话对象等。俗话说"见人说人话，见鬼说鬼话"就是这个意思。我们要根据不同的环境灵活运用语气，这样才能让听你说话的人如沐春风。

在日常生活中，我们说话时都带着一定的目的，都是有针对性，而且是在特定场合下进行的。如果不考虑场合和语气，那么即使说话的内容再正确,对方也不会轻易接受。所以我们应该针对不同的场合来说不同的话。如果忽视这一点,就可能引起别人的反感,甚至造成不必要的矛盾。

俄罗斯有句谚语:"语言不是蜜,却可以粘住一切东西。"我们在说话时,只要能注意场合和语气,就能创造出一种和谐、融洽的沟通氛围。

第三章

7大聊天禁区，这样说话你就死定了

与人争辩、过度地开玩笑、打断别人的话、口出狂言、言语绝对、谈论别人的隐私、触碰别人的伤疤和底线……以上这些错误的说话方式，不仅达不到说话的目的，还会招人厌恶，影响我们的人际关系。在说话时，一定要谨记有的话能说，有的话不能说，只有掌握了一定的说话分寸，做到言之有忌，才能避免祸从口出。

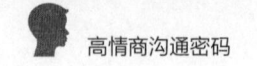

玩笑过度，看似玩笑实则要命

英国心理学教授卡里·库珀说"懂得在恰当的时候逗一逗乐子，能让人们知道你很坦诚、可爱，不是什么像机器人一样的技术专家。"一个得体、无伤大雅的玩笑，可以成为与人交谈时的润滑剂，既能活跃气氛，又能显示出你的高情商，还能给对方留下一个会说话、好打交道的好印象。

但是，凡事过犹不及，开玩笑也要讲究适度。一旦玩笑过了头，就容易引起对方反感，给人留下情商低、不会说话的坏印象。

李明就遇到了这样一个"不会"开玩笑的朋友。

李明结婚后和妻子感情和睦、生活也很有规律，所以身材逐渐发福，比以前胖了不少。

有一次，李明去参加大学同学聚会，大家许久未见，聚在一起聊得十分愉快。这时，有一个同学突然对李明说"你现在比以前胖了好多啊！是怎么搞的呀！原来结婚能使人肥胖吗？要减肥是不是要离婚啊！"在场的所有人都很尴尬，李明的脸色也变了。

在聚会现场，李明虽然没说什么，但聚会结束后，他再也没和那位同学联系过。后来，那位同学也意识到了自己开的玩笑有些过了，于是找机会向李明道了歉。

案例中李明的同学在开玩笑时说的话确实太过火，他自以为幽默，却让李明感到难以接受，还把聚会的气氛弄得十分尴尬，虽然这位同学后来试图修复关系，但始终是把人得罪了。因为一个玩笑而失去一个朋友，实在是得不偿失。所以，关系再好的朋友之间，开玩笑时也要把握好分寸，注意不要恶语伤人。

当然，我们在和别人聊天时，适当的开玩笑也是十分必要的，但我们在开玩笑时注意下面几个要点：

◎考虑对方的接受程度

我们在开玩笑时，一定要考虑到对方的接受程度，我们的玩笑是否会触碰到对方的底线以及对方是否会因此受到伤害。如果不管不顾地乱开玩笑，对方一定会被惹恼。

◎玩笑的内容要得体

一个人开什么样的玩笑，代表了他的思想水平、道德修养和审美情趣。低俗不雅的玩笑会暴露他庸俗的品位和低级的思想水平，还会令对方怀疑他的道德品质。优雅得体的玩笑，可以体现一个人高雅健康的志趣和较高的情商。得体的玩笑能为双方带来精神上的愉悦，而低俗的玩笑则像精神污染，会让人反感。

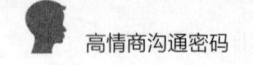

◎开玩笑时动作要得体

小王和老李是一个办公室的同事,虽然年龄有差距,但两人之间的关系十分融洽,平时经常在一起说说笑笑。有一次,两人却因为一个玩笑而闹了矛盾。事情是这样的:老李在起草文件时出现了一个错别字,小王发现后说:"老李,你今天没戴眼镜吗?"并顺手敲了一下老李的额头,老李觉得十分恼火,他认为小王这么做实在是很没礼貌。

我们在开玩笑时往往会伴随着一些肢体动作,尽管这些肢体动作也许是我们不经意间做出来的,但是也可能会给对方带来不好的感受。所以我们在开玩笑时一定要注意控制肢体动作,千万不能因为得意忘形而做出不得体的动作。

◎开玩笑的态度要友好

我们开玩笑的目的是活跃气氛,拉近彼此的距离,给别人留下好印象,所以开玩笑的态度也很重要。有的人在开玩笑时抱着不友善的态度,趁机讽刺和挖苦别人,最后还要说别人开不起玩笑。这样做非常容易引起冲突,即便对方这次不计较,下次也不会再愿意和你来往。

◎开玩笑要分清场合

有的场合适合开玩笑,有的场合不适合开玩笑,我们开玩笑一定要分清场合。比如,气氛严肃的会议中,不要随意开玩笑;领导讲话时,不要随意开玩笑;出席丧礼时,更不能开玩笑。

职场人士尤其要注意把握在办公室里开玩笑的分寸,过于轻佻的玩笑会让同事和领导觉得你不靠谱、不踏实，对你的职业发展十分不利。

◎开玩笑要分对象

同样一个玩笑，在不同的人身上会有不同的效果。有的人外向豁达，并不介意一些无伤大雅的玩笑。而有的人内向害羞，是经不起开玩笑的。

此外，开玩笑时还要看对方心情，对方心情好的时候，可能不会计较你稍微过火的玩笑；碰到对方心情不好时，不过分的玩笑也会招来对方的白眼。

长辈或者晚辈在场时，不要开轻佻的玩笑，尤其是不要涉及男女之情。不熟悉的异性之间最好也不要开玩笑，尤其是男性不要开不熟悉的女性玩笑，因为你的玩笑有可能会让对方感到难堪。

在说话时适当的开玩笑能起到锦上添花的效果，但不得体的玩笑不仅影响自身形象，还容易得罪人。所以，我们在开玩笑时一定要注意以上几点，这样才能避免玩笑过度。

总是打断别人的话，还让不让别人说了？

随意打断别人的话是非常让人反感的行为，每个人都应该尽量避免。即使对方的观点我们早已经想到过，或者有更深、更好的见解，但也不要急着打断他。打断对方、急不可耐地发表自己高论的行为，会伤害对方的自尊，大大地降低对方和我们交谈的

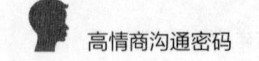

积极性，那么，下次他可能就不愿意再和我们聊天了。

总是打断别人，会让别人"无话可说"，让聊天进行不下去。而且，打断别人，还会令我们接收不到别人话语中的完整意思，进而引起误会。

先来看一个案例。

小张打电话给自己的女朋友，安排明天晚上的约会，他说："明天你自己先去餐厅，我要晚一点再过来……"他的话还没说完，女朋友就大声说："为什么要我一个人先去，明天是我生日，说好了一起庆祝，现在让我一个人去，你什么意思啊！"

小张说："我要先到店里拿给你的礼物啊！今天拿不到，明天下班前才能拿到。"女朋友再次打断小张的话："为什么不带我一起去？"

小张再也忍不住了，他有些生气地说："你让我把话说完不行吗？从拿礼品的店到餐厅有点远，天气这么热，我不想你跑这么远，安安心心在餐厅等我就行了。"女朋友听完小张的话感到十分不好意思。

从小张和女友的对话中我们可以看出，聊天时随意打断对方的话，不仅容易让双方产生误会，还会让对方感到十分恼火。所以，与人聊天时，应该有来有往，我们说完了，也应该让对方发表自己的看法。当对方与我们意见相左时，我们也要保持理智，不要马上自以为是地进行反驳。

不打断别人的话是一种有耐心、尊重他人、尊重自己的表现，它体现了我们的修养和风度。同时，不打断别人的话也是一个重要的说话技巧，它能让我们在与人聊天时获得对方的好感和尊重。

而随意打断别人的话会让别人对我们产生粗鲁、无礼的坏印象，还会影响我们接受谈话中的有用信息。我们每个人都是有局限的，不可能全面了解所有的事，所以当别人说话时我们不要去打断，而是要带着欣赏的眼光去倾听，把听别人说话当成一种学习，这样我们不仅会收获一些感悟，也会发现别人的闪光点。

不过，不随意打断别人的话并不代表我们不能有自己的判断，在不打断别人的前提下，我们也可以引导话题，把聊天的话题变成双方都感兴趣的。不打断别人的话，不是让我们当哑巴，而是要用更高情商的方法去说话。

那么，怎样做才能既不打断别人的话，又能把握聊天的话题呢？我们可以参考以下两点：

◎不打断别人的话，但要判断他的话

听别人把话说完的同时，我们也要对他的话做出判断。从他的话中，我们可以得出许多信息，比如他说话的动机，他的话是否真实可信，他说的是否对我们有利。俗话说："听话听音。"我们要学会听别人的言外之意。只有让别人把话说完，我们才能了解他的真实想法。

◎不打断别人的话，但可以引导他

聊天时不打断对方的话，不代表我们要被对方牵着鼻子走。

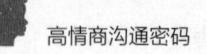

当聊天的气氛变紧张，或者话题跑偏时，我们可以用聪明的办法去引导对方，把话题重新带回双方都感兴趣的领域，让聊天顺利进行下去，让交流气氛更轻松和谐。

当我们不打断别人，做一个耐心聆听的好听众时，我们便会得到对方的喜爱和尊重，同时也能开阔自己的视野、丰富自己的思想、提高自己的理解能力。最重要的是，我们与别人的交流才会变得更加顺畅。所以，我们在与人聊天时，一定要时刻自省，时刻提醒自己，不要随意打断别人的话。

过于绝对，容易让人产生怀疑

一般情况下，高情商、会说话的人在说话时，往往不会把话说得过于绝对，而会给自己留有余地。正是如此，他们才总能在交流中立于不败之地。而那些总是喜欢把话说得过于绝对的人，往往会让人产生怀疑，一旦出现意外情况，不仅会让自己难堪，也会失去对方的信任。

我们先来看一个案例。

舒舒是公司项目部的组长，工作能力很强，可她有一点不好的地方，那就是每次说话时总是把话说得过于绝对，不给自己留后路。

一个星期前，公司接手了一个难度较大的项目，领导希望能一举拿下，因此领导把工作能力较强的两个小组组长——舒舒和王亮，叫到办公室对他们说："这个项目对公司非常重要，可以说事关公司的未来，如果让你们来做这个项目，你们能做好吗？"

舒舒听完后，立马表态说："领导，这个项目交给我来做请您放心，我一定会完成任务。"领导听完后问道："如果到时候没有完成任务呢？你打算怎么办？"舒舒说："如果没有按时完成任务，我主动辞职。"

领导转过头问王亮。王亮并没有像舒舒那样立刻表明自己的态度，也没有像舒舒一样把话说得过于绝对，而是认真地看了看项目计划，说："这种类型的项目我以前接触得不多，到时候可能要根据实际的情况来操作，我不能保证一定会成功，但是如果您愿意相信我，让我接手这个项目的话，我会尽自己最大的努力来完成。"

领导深思熟虑后决定让王亮来负责这个项目，舒舒百思不得其解。

在上述案例中，领导听到两种不同的回答后，没有选择舒舒，是因为她把话说得过于绝对，让人产生了怀疑。相比较而言，王亮说的话就没有那么绝对，他先从自身实际出发，然后再根据项目的实际情况向领导表示会尽全力。这样说会让领导觉得他是一个既谨慎又诚恳的人，把项目交给他更放心。

其实，在现实生活中，像舒舒这样的人比比皆是。他们总是自信满满，认为凭自己的能力，是一定可以完成任务的。殊不知，世事难料，把话说得过于绝对，反而会让人产生怀疑。

如果我们总是把话说得过于绝对，就好比往已经装满水的杯子加水，或是往已经充满气的气球吹气，结果是可想而知的，水

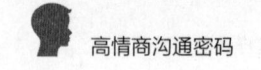

势必会溢出来，气球一定会爆炸。正所谓"水满则溢，物极必反"，讲的就是这个道理。

现如今，社会复杂多变，凡事皆有例外，所以，我们在开口说话前，一定要做好充分的考虑，切忌把话说得过于绝对，让人产生怀疑。在说话时只有给自己留足空间，才能进退自如。比如，在说话时，我们可以多用一些缓和、疑问的措辞，尽量少用一些肯定的措辞。

那么，我们要从哪几个方面入手，才不至于把话说得过于绝对呢？以下建议值得参考：

◎考虑问题要全面

我们在说话前，一定要全面权衡利与弊，经过深思熟虑后再给予对方答复。这样，对方才会更信服我们。有时候，就算我们胜券在握，也不能绝对地应承，而是要先给自己找好台阶，以防万一。

◎言语措辞要恰当

我们在与对方交流时，一定要掌握说话的技巧，注意言语措辞要恰当，多用"我尽量""我试试"等字眼，少用"我保证""我一定"等字眼。因为太过绝对的话语，反而容易让人产生怀疑。而且，世事难料，要先给自己留有余地，这样我们才不至于在出现状况时，处于被动的地位。

其实，无论我们是在怎样的情况下与对方进行交流，我们都要坚持说话时"点到为止，切忌过于绝对"的原则，只有这样，才能让别人更信服我们所说的话，才能在坏情况来临时有回旋的余地。

与人争辩，永远不会赢

总有一些人在说话时喜欢与人发生争执，甚至争吵。

很多时候，当我们就某一件事发表自己的见解时，我们往往是想弄清楚别人对这件事情的看法是否与我们一致。当别人与我们的看法一致时，我们就会感觉欣慰；而一旦别人的看法与我们不一致，我们就会感觉到不愉快，有时候为了说服对方，便会发起争辩，甚至将争辩引向失控。

正如卡耐基所说的那样："天下只有一种方法能得到争论的最大利益，那就是避免争论。"

事实上，争辩是永远没有赢家的，失利的一方固然不悦，即便是胜利的一方，也会在争辩中"受伤"。

下面的案例，或许可以给我们一些启示：

王妍是一家西点屋的老板，平时总是一副和蔼可亲的样子，员工们都很喜欢她。

有一天，店里来了一位女士，点了一杯红茶，可没过一会儿，女士就发脾气了，大声吼道："你们店就是这样做生意的吗？牛奶是坏的，把一杯红茶都糟蹋了。"

王妍连忙上前给顾客道歉，还让店员给女士换一杯新的红茶，新红茶和之前的一样，碟子的旁边摆放着新鲜的柠檬和牛奶，王妍把红茶放到女士的面前后，轻轻地对女士说："您好，我想给您一个建议，如果您放柠檬就不要再放牛奶了，有时候柠檬酸会让牛奶结块，那样就不好喝了。"

女士听完王妍的话，脸一下子就红了，没有再说什么。

下班后，店员不解地问王妍："白天的事，明明是那位女士错了，您为什么没有和她争辩？还对她客客气气的？"

王妍说："其实，在我看来，这些争辩是没有必要的，因为道理一说就明白，为什么要争辩呢？正是因为她生气了，我才要用婉转的方式来告诉她。只有那些理不直的人，才会用气壮来压人。"

店员听了王妍的话，对她更敬佩了。其他的顾客也因为此事更加认可王妍，西点屋的生意也越来越红火了。

佛语有云："恨不止恨，唯爱能止。"有时候，哪怕我们是理直的那一方，可如果用争辩的方式试图让对方认可我们的意见，那么问题依旧会存在。要知道，与人争辩永远不会赢，争辩不会让我们得到满足，但是让步却可以让我们得到更多。

很多时候，一场争论结束后，那些争辩的人依旧会坚持自己的意见，并相信自己绝对是正确的。其实，争辩是永远解决不了问题的。即便我们在争辩中胜利了，我们强迫对方接受了我们的意见，可是输了的一方也并不会因此而改变观念，相反还会因为我们的胜利而感到不满和不服气。要知道，逆着对方的意见说服对方，不仅达不到说服的目的，还会伤害到对方的尊严。

其实，在交流的过程中，避免争辩才是获得利益的唯一方式。为了避免毫无意义的争辩，我们不妨对以下问题进行思考：

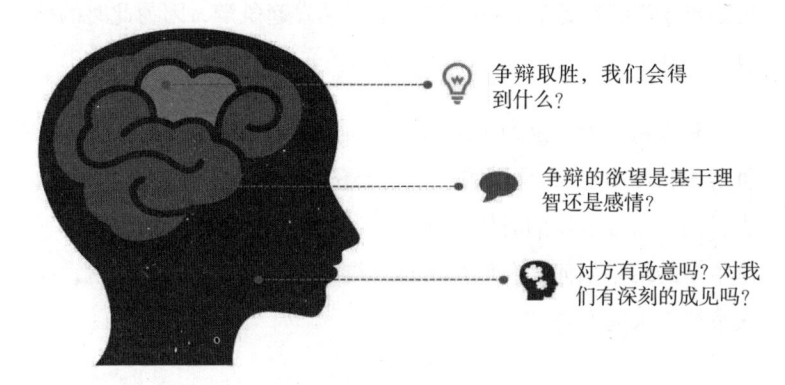

图 3-1　与人争辩前思考的 3 个问题

◎争辩取胜，我们会得到什么？

如果以上问题的答案是：没有意义，那么我们大可不必争论得"你死我活"，而应该一笑置之。有时候，如果避免不了要发生争辩，也一定要选择那些通过争辩可以使我们受到启发和教育的问题进行争辩，不要把精力浪费在琐事上。

◎争辩的欲望是基于理智还是感情？

争辩的本质是探索真理，而不是为了虚荣和面子。我们要清楚自己的内心，并反问自己争辩的欲望究竟是基于理智还是基于感情？如果是基于感情，最好就此打住，因为这已经与探索真理背道而驰了。

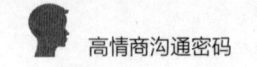

◎对方有敌意吗？对我们有深刻的成见吗？

如果是，此时我们最好不要与对方争辩，因为在这种非理性的氛围下争辩，只会引起不必要的麻烦。同样的道理，如果我们也是出于这样的心思，那么更不能主动发起争辩，因为此时的你也是不理智的。

有人说，争辩是为了给自己争面子，可往往事与愿违。因为争辩不仅给自己挣不了面子，而且还会失去对方对自己的好感。当我们与对方争辩的时候，就是给自己树立"敌人"的时候，无论争辩的结果如何，我们都很难再得到对方的好感。要知道，与人争辩，永远不会赢。

口出狂言，麻烦也会跟着来

与人交流的时候，最忌讳的就是口出狂言，因为口出狂言的人最容易惹麻烦。比如，一个刚刚做出一点成绩的人，就骄傲自满，目空一切，还口出狂言，这样很容易就造成因为能力不足而无法收场的局面。

口出狂言，麻烦也会跟着来。如果我们想少惹麻烦，就要时刻注意自己说话的语言，不能让狂言诳语成为我们的绊脚石。

下面案例中的刘明就是一个反面教材。

刘明是公司的技术能手，在公司有很高的地位。虽然他的智商很高，但是情商却很低，在同事面前他总是一副高高在上的姿态，对公司的行政人员更是不屑一顾，有时候还口出狂言。

公司规定，所有的员工在领用办公用品的时候都要填写《办公用品领用申请表》，可他偏要显得与众不同，就是不填，并且还认为是别人在找茬，恶语相向地对行政人员说："你不就是为我们服务的吗？"

又有一次，他在领用办公用品的时候，再次口出狂言地说："你们办公室有什么可神气的，就数你们规矩多，要不是我这个衣食父母养着你们，你们还不得喝西北风啊！"

此话一出，立刻激起了大家的公愤，办公室所有的同事都要求他道歉，最后，在总经理的劝说下，才息事宁人。这件事情以后，虽然大家表面上没说什么，但心里都很烦他。

不久，公司新入职一名技术人员，刘明不再是公司唯一的技术高手了，他心里失落极了。更让他难堪的是，以前被他奚落的同事总是当着他的面和新技术员开玩笑："我们公司的技术人员可是咱们的衣食父母呀，我可是要抱紧你的大腿才行……"

再后来，刘明发现公司的同事都不理睬他了，这让他觉得十分无趣，最后只好辞职走人。

每个人的能力虽然有高低之分，但是人格不应该有贵贱之分，每个人在人格上都是平等的，我们没有任何理由看不起别人，更不应该将这种看不起通过语言表达出来。要知道，口出狂言是最愚蠢的自毁方式。

下面，我们再来看一个大家所熟知的 NBA 中因口出狂言而惹麻烦上身的故事。

当初姚明进入 NBA 火箭队时,许多队员都看不上他,特别是原 NBA 球星巴克利。巴克利甚至在 TNT 电视台的《NBA 内部秀》节目上口出狂言,扬言只要姚明能在职业生涯的任何一场比赛中得到 19 分,他就去亲吻驴的屁股。

后来有记者把巴克利的话转述给姚明,姚明不仅没有生气,还幽默地说:"那我就天天拿 18 分吧。"

结果,在 2002 年火箭队与湖人队的比赛中,姚明一举拿下 20 分,这让巴克利傻了眼。

最后,巴克利不得不为自己的口出狂言而付出代价,硬着头皮履行自己的"诺言",对着镜头亲吻了驴的屁股。

巴克利为自己的口出狂言付出了代价,也因此一直被人嘲笑。

我们在日常生活中也经常会遇到各种口出狂言的人,这类型的人总是喜欢过分高看自己,可实际上他们却渺小不自知。正所谓,祸从口出,那些口出狂言的人,轻则容易招麻烦,重则会招来祸端。因此,我们在与人交流的过程中切忌狂妄自大、口出狂言,以免给自己招来不必要的麻烦。

触痛别人的伤疤,伤的不只人心

英国作家托马斯·富勒曾经写道:"失足引起的伤痛很快就可以恢复,然而,失言所导致的严重后果,却可能使你终身遗憾。"因此,一个人若想与他人建立良好的人际交往关系,就必须牢牢记住:言谈之间不要去击打别人的痛处。

被人击中痛处，对任何人来说都是一件不开心的事儿。但生活中，总有那么一些人口不择言，喜欢揭对方的伤疤或痛处，甚至让对方当众出洋相，取笑对方，并以此来获得内心的满足与快感。

在待人处世中，虽然好听的场面话人人都能说，却并不是谁都能说得恰到好处。也许，一不小心，我们就会踏入言语的"雷区"，触碰到别人的伤疤和痛处，给别人造成不同程度的伤害。俗话说"寸有所长，尺有所短"，每个人身上都有着不同的闪光点，在待人处世中，我们要学会多发现对方身上的优点、夸奖对方的长处，万不可利用他人的隐私、伤疤和痛处来大做文章，因为触痛别人的伤疤，伤的可不只人心。

生活中，有些人的"揭短"是故意的，他们常常将揭短视为攻击对方强有力的秘密武器；也有些人的"揭短"是无意的，他们往往是因为一时的失误而触犯了对方的忌讳。但不管有心也好，无意也罢，在待人处世中揭人伤疤都会给对方造成伤害，轻则影响双方的感情，重则导致友谊的小船说翻就翻，甚至绝交老死不相往来者也大有人在。

有位年轻的女孩，她是属于那种喝凉水都能长胖的类型，为此她的内心非常苦恼。某天，同事小丽故意调侃她："你最近吃了什么好吃的呀，这才几天工夫，你怎么就胖得像个球了！"

胖女孩一听这话，立马恼羞成怒："胖怎么了，我胖我骄傲！再说，关你什么事啊，又不吃你的喝你的，真是狗拿耗子，多管闲事！"

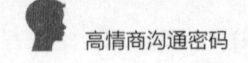

瞬间，小丽的脸就红了。很明显，正在减肥的胖女孩内心最害怕有人说她胖，可小丽明知对方的痛处，却还故意没事找事去嘲笑对方，这自然就犯了对方的忌讳，不挨骂才怪呢！

当然，也有一些人"揭短"是属于好心办坏事的那种。比如，一个人失恋了，伤心不已，你本是好意安慰她："我早就看出他不是个好东西""像他这样狼心狗肺的人，所说的话肯定都是骗你的""很明显，他所做的一切都是装出来的，是在欺骗你的感情。"诸如此类的话一说出口，势必会让失恋者在伤心之余，内心又平白增添一份烦恼与忧愁，不仅达不到安慰人的效果，还会火上浇油，揭了人家的伤疤，戳到对方的痛处。

此时，最合适的安慰方法应该是和失恋者分享一些搞笑而快乐的趣事，让对方在谈笑间慢慢地忘却痛苦与烦恼，尤其要避开一些敏感类的话题。

俗话说得好，"打人不打脸，骂人不揭短"。不管在什么情况下，我们都不要去尝试触碰别人的痛处，也只有这样，在与人沟通的过程中我们才能左右逢源、更受欢迎。

大谈隐私，从此，别人对你不再有信任

隐私，每个人都有。一般情况下，人们都会对自己的隐私守口如瓶，选择把自己的隐私烂在肚子里。但凡事都有例外，有的朋友之间出于信任，也会把自己的隐私告诉对方，希望这个秘密，天知、地知、你知、我知就好。当然，也有一些隐私是属于对方不经意间泄露出来的。

隐私是私密的，决不能成为茶余饭后的笑料。所以在说话时，我们一定要谨言慎行，守口如瓶，宁肯"沉默是金"，也不要去大谈特谈别人的隐私。要明白，守住了别人的隐私也就是守住了别人对你的信任，不能保守秘密、守不住隐私的人，只会令信任自己的朋友彻底失望。

李飞和王浩是一对从小一起长大的好哥们儿，他们对彼此的情况可谓是知根知底。后来，李飞上了大学，王浩去了一所普通的专科学校，两人便很少见面了。有一次，国庆假期，李飞带着自己的女朋友回老家，正好王浩也回去了。于是，二人相约聚一下。

由于很久未见，两人相见甚是激动。酒过三巡，喝得有些微醉的王浩便在李飞的女朋友面前开始说起了李飞小时候的一些事情。他说："想当年，李飞为了追我们班花，那可是历经了千难万阻。有次放学后，李飞想做护花使者送班花回家。可谁知人家根本不领情，到了家门口就直接放狗，班花家的那条狗不仅又肥又壮，而且还特别凶悍，吓得李飞撒腿就跑。眼看就要被狗追上了，幸亏李飞急中生智赶紧爬到了一棵树上。本以为可以躲过一劫，可是这棵树也太矮了，狗跳起来就咬到了李飞的裤脚。然后，李飞的裤子……哈哈哈……后面的不说你也懂的，虽然裤子没了，但是狗还是不肯走。于是李飞只好抱着树干不放手，当时那个样子引得过路的人都驻足观看呢！后来，还是一位过路的大爷实在是看不下去了，用一根小木棍赶走了狗，这才帮李飞解了围。"

王浩一边说一边还手舞足蹈地做出一些夸张的动作，期间李飞一直用眼神示意王浩不要再说了,但是谈兴正浓的王浩哪里注意到这些,依然绘声绘色地讲个不停。但对于李飞来说,在自己的女朋友面前提起这样的糗事,未免有些太尴尬了。尤其是后来,女朋友还总拿这件事情来开涮,更是弄得李飞有苦说不出,心里不停地埋怨王浩,并发誓以后凡是有外人在场的情况下,再也不约王浩了,以免他一不小心又说出自己的小秘密,揭自己的老底儿,让自己颜面扫地下不来台。

在这个案例中,王浩说话没有忌讳,揭露了李飞的隐私,从而失去了李飞这个好哥们儿对自己的信任。假如王浩在说话时能知轻重、言之有忌,或许就不会出现这种情况了。在说话时,我们一定要记得三思而后行,什么话到了嘴边先掂量掂量,不该说的就千万不要说,不要去挑战别人的底线。

当然,想要守住一个秘密也并不是一件很容易的事,毕竟别人的隐私搁在自己的心里,无形中也是一种压力。既然说也不是、守也不易,那我们具体应该如何做呢?

相信大家都听过"左耳进,右耳出"这句俗语吧!这句话的意思是说,一个人不把别人的话放在心上,左耳刚听进去,右耳立刻就随风飘散出去了。在倾听与守护别人的隐私时,这句话却是非常重要的。可以说,"左耳进,右耳出",是守住别人隐私的最好方式。

当然,要想做到"左耳进,右耳出"也需要一种高深的境界,需要我们在任何时候都保持理性。守住别人的秘密,才能更好地赢得别人的信任。否则,大谈他人的隐私,只会失去朋友的信任。

第四章

抓住6大关键点，助你聊天嗨到爆

许多人在聊天时，要么不知道怎样开口，要么容易冷场，要么无法让话题深入，而这一切，都是不会说话惹的祸。语言是沟通的桥梁，所谓沟通，不仅要说话，还要让所说的有意义、能得到对方的回应。而要做到这一点，就必须抓住聊天的关键点，掌握说话的技巧。

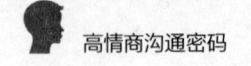

营造愉悦的说话氛围

好好说话并不是一件容易的事，它既是一门学问，又是一门艺术，需要一定的技巧。都是说话，为什么有些人会备受欢迎，有些人却令人讨厌呢？这是因为，那些令人讨厌的人在说话时没有营造愉悦的氛围，不能给人带来快乐。同样一句话，由不同的人来说，效果是截然不同的，会说话的人往往能使人感觉轻松、愉悦；而不会说话的人，往往会在无形之中得罪他人却不自知。

俗话说得好："一句话让人跳，一句话让人笑。"而让人跳还是笑的关键便在于，说话时有没有关注说话的氛围，说出的话能不能让人感受到轻松和自在。

那么，什么是说话氛围呢？说话氛围就是指人们在交流的过程中，对话双方在情感和心理上的会合。可以说，说话氛围对交谈起着至关重要的作用，如果说话的氛围轻松，那么双方在交流时就会心情愉悦，妙语连珠；反之，如果说话氛围死气沉沉，那么双方的交流就将举步维艰。

那么，我们怎样才能在交流时营造愉悦的说话氛围呢？以下提供8个活跃气氛的说话技巧，希望能够帮助到大家：

◎引起共鸣

交流应该是彼此之间畅所欲言，不是一个人唱独角戏。因此，在交谈时最好能找到彼此都关心、都感兴趣的话题，只有拥有共同的感受，才能引起双方情感的共鸣。你来我往的交谈才能使说话的气氛更融洽，才不会出现冷场的现象。

◎偶尔恶作剧一下

适当、适时的恶作剧可以活跃说话的氛围，让人们在开怀大笑的同时也能享受到摆脱束缚的轻松，起到意想不到的效果。当然，这里说的恶作剧是指善意的恶作剧，而绝非恶意的恶作剧。

◎搞怪问答

有时候，我们在说话时还可以穿插一些搞怪的问答，用一些看似荒谬实则有深意的问题去活跃说话的气氛，否则，一直一本正经的样子，只会让人觉得毫无趣味，没有乐趣可言。

◎小道具用途大

不要小看道具的作用，它往往能让我们的交流产生意想不到的效果。当我们在交流时陷入了冷场、尴尬的境地，就可以拿出随身携带的小道具，比如：一把扇子、一个精致的钥匙扣等，引发新的话题，缓解交流过程中出现的冷场现象。

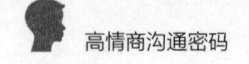

◎适当幽默

虽然社交场合需要端庄，但过度端庄只会使说话的氛围一直处于紧张、不自然的状态，这样是不利于交流的。如果我们在说话时能适当增添一点幽默感，就可以用轻松的方式与对方交流，这样不仅能缓和紧张的气氛，还能让对方产生与我们交流的想法和兴趣。

◎悬念效应

大家都知道，在相声里，相声大师都有一个悬念"包袱"，相声大师之所以刻意制造这个悬念，是为了让大家集中精力、全神贯注。同样的道理，我们在说话时也可以人为地制造悬念，使对方时刻关注我们的一举一动。而且，当悬念解开时，对方会发现这原来是虚惊一场，从而倍感轻松，付之一笑。

◎给一些无害的"伤害"

现实中，就算是亲密无间的爱人也会有矛盾，也会彼此间开个玩笑，互相怼几句，或是你一拳，我一脚。其实，这些无害的"伤害"有时候反而能增加彼此的亲密度，让双方无拘无束。事实上，我们在交流时也可以如此，偶尔给对方一些无害的"伤害"，可以营造愉悦的说话氛围。

◎适时的赞美

没有人会不喜欢别人的赞美，就算是表面上不在意，心里也会情不自禁地高兴。在交流的过程中我们要善于发现对方的优点，并适时地给予对方赞美，这样不仅可以迅速地拉近彼此之间的距离，还能活跃说话的气氛。当然，赞美不是阿谀奉承，更不是流于表面的浮夸，而应该是发自肺腑的真情流露。

总之，说话是需要氛围的。一个轻松愉悦的说话氛围，才能使交流双方心情愉快、妙语连珠，这样的交流才是真正的交流，才是有效的交流，才是有意义的交流。在日常的生活中，许多谈话之所以常常不欢而散，一个关键的原因便在于没能营造轻松愉悦的沟通氛围。

善于倾听，让交流更顺畅

人和人之间说话不仅是为了传递信息，更是为了交流情感，会说话的人不仅会说，而且也会听。在倾听中，我们可以收集对自己有用的信息，然后再将这些信息运用到说话上，让彼此间的交流更顺畅。

倾听也是说的重要组成部分，要知道，夸夸其谈不代表会说话，惜字如金也不代表拙于言辞，会倾听的人才更会说。甚至，在某些关键时刻，听比说更重要，因为你只有仔细地倾听才能得到你想要的信息，才能把话说得更"圆满"，才能使交流更顺畅。

英国心理学家杰克·伍德说："很少人能拒绝接受专心注意、倾听所包含的赞美。"下文中卡耐基的故事，或许可以给我们一些启示：

有一次，美国人生导师卡耐基到一个植物学家家里做客，吃完晚饭后，植物学家就给卡耐基讲起了各种千奇百怪的植物，这一讲就是一个晚上，丝毫没有停止的意思。而卡耐基也没有表现

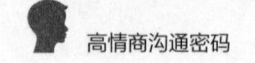

出不耐烦，反而听得津津有味，就像是一个专心听故事的小朋友，只有当碰到疑问时，才会打断植物学家的话，然后又聚精会神地听起来。

第二天早上，当卡耐基离开的时候，植物学家紧紧地握着卡耐基的手对他说："到目前为止，你是我遇到的最好的谈话专家。"

为什么卡耐基一个晚上只是听，几乎什么话也没说，却获得了"最好的谈话专家"的美誉呢？或许，这就是倾听的魅力！在与对方的交流中，如果认真倾听对方说话，可以获得以下好处：

◎更理解对方的说话内容

在交流的过程中，如果我们没有注意倾听，就不能准确地理解对方说话的内容。因此，我们要善于倾听，从众多信息中找出关键点，这样才能更好地理解对方说话的内容，使交流更顺畅地进行。

◎更正确地下判断

如果我们没有认真倾听对方说的话，就不能真正了解对方内心的想法，也就不能做出正确的判断。而在交流中，正确的判断有助于我们进一步地交流。

◎更好地影响对方

倾听可以帮助我们找到更好的影响对方的方法。因为对方在说的过程中往往为我们提供了各种信息，而这些信息，就是我们影响对方的利器。当我们带着目的、敞开心怀地去听，并且把听到的各种信息融会贯通时，我们就能获得影响对方的武器。

总之，掌握良好的听与说的技巧，在倾听中响应，是联络情感、满足需求必不可少的人际桥梁。那么，我们应该如何去倾听呢？

谈到关于如何进行倾听，我们首先要弄清楚倾听与听的区别。所谓倾听，就是人们积极主动地听取对方说话的内容，掌握并理解对方真正的意愿。在倾听的过程中，我们会作出回应，并且与对方产生情感共鸣；而听只是人体感官对声音作出的一种生理反应，是被动的接受。

在倾听过程中，我们还需要掌握以下技巧，才能使交流更顺畅。

◎让对方有说话的机会

在交流的过程中，我们不能一味地自顾自说，而应该引导对方，让对方有说话的机会。比如，我们可以这样引导对方："我想知道您对这件事情的看法""我想听听您的经验"等。

◎倾听时请保持开放、专注的态度

开放则代表着我们能接受对方的思想，而专注能说明我们对对方的尊重，即便对方的话说过多次，我们也不能因此心不在焉、三心二意，也应该保持专注。

◎按对方的意愿展开谈话

倾听可以帮助对方形成并完善他的想法。在倾听的过程中，可以适当借用对方的话做一些引申，让谈话按照对方的意愿展开，比如"就像你刚才说的……""正如你所指出的那样……"等。

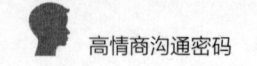

这样做既可以表明你重视并记住了对方的话,也可以让对方感觉到你不仅在听,而且在思考。

◎注意提问

在倾听时,如果我们有没听懂的地方,最好能及时提出来,请对方再一次做解释,这样做一方面能帮助我们更好地了解对方所说的内容,另一方面也说明了我们是认真地在倾听,不是走过场。

◎适当引导,把握说话的节奏

并不是每个人在交流时都能把握谈话节奏的,有些人总是喜欢一件事反反复复地说,而有些人总喜欢说与话题无关的话,或是不停地唠叨陈年旧事,经常"跑题"。此时,作为倾听者,我们就要对对方进行适当的引导,使交流重新走上正轨。

总而言之,不管在什么场合,我们都要善于倾听,这不仅是我们自身素养的体现,更是使交流能更顺畅的关键点之一。

用巧妙的插话去引领一场对话

当我们和很多人在一起说话时,适当地插话就显得非常重要了。有些人总是不等对方把话说完就中途插话,有些人又总是在对方说话时一言不发。其实,不管是上述的哪一种交流方式,都是不可取的,前者很容易让对方产生反感,不利于继续交流,而后者又会让对方感觉很尴尬。

在交流中,适当、巧妙地插话是一个非常重要的说话技巧。

在了解插话的方法之前,我们先来看一个案例:

公司年终总结会议后,同事们在一起聊了起来。小刘抱怨道:"每年开完年终总结会,我都很受伤,领导总是借着会议的机会对我们又抱怨又批评,我看这不是总结大会,倒像评判大会,以后干脆改名叫批评大会好了。"

正在整理资料的小王听到这种消极的言论后,想纠正小刘的观点,但见小刘正说在兴头上,于是她按下了想说的话。

等小刘吐槽完了,小王这才插话道:"小刘,我与你的看法恰恰相反,我觉得总结大会也是员工和领导直接交流的机会,更是我们赢得领导在工作方面支持的契机。就拿我来说吧,在上次的总结会议中,领导与我交流了半个多小时,给我提出了许多好的方法和建议,后来,我的业绩确实提升了很多。"

由于事实摆在眼前,小刘也不好反驳,便妥协道:"嗯,总的来说还是有好处的,我刚才想说的是……"

其实,案例中,小王是反对小刘消极的观点的,但是她并没有直接打断小刘的话,而是等小刘把话说完后,才适时插话反驳。假如小王突然打断小刘的话,然后插话表明自己的观点,只会让小刘对她这个"半路杀出来的程咬金"产生反感,甚至是抵触。所以,要想让自己所插的话起到作用,就一定要选择时机,不可突然插话。

要知道,只有在适当的时机下插话,才能起到插话的作用,如果在不适当的时机下插话,那么还不如不插话。一般来说,插话的最好时机是在对方将一层意思表达清楚,话音落定之后,切

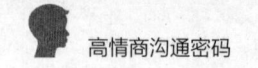

记不要在对方还没有说完时就直接打断，这样既不礼貌，又会打断对方的思路，容易引起对方的反感。

那么，我们要怎样插话才不易惹人反感呢？以下给出一些实用建议：

◎注意插话的方式

很多人常常会采取提问的插话方式，例如："您能把刚才那句话的意思再解释一下吗？"还有一些人甚至会在插话时不经大脑地说："我不太明白刚才这个问题的意思。"事实上，这些插话的方式都是不对的，如果能变换一种方式，例如："据我听到的，你的意思是否这样呢……"或许会取得更好的插话效果。

◎想好插话内容

当我们准备插话的时候，最好先想好插话的内容和插话的时机，不要急于插话。如果没有想好内容就插话，那么我们说出来的语言就会显得语无伦次，这样不仅达不到插话的效果，而且还会影响对方的心情。

◎不要在对方说话中间突然插话

假如我们在与对方交谈的过程中，有没听懂的地方，或是有听漏的地方，也不要在对方说话的中间突然插话提问，而是应该等对方把话说完后，再提出自己的问题。比如："不好意思，刚刚您中间说的是……""关于刚才说的问题我没有听懂，麻烦请您再说一遍"等。千万不要在对方正说话的时候说："等等，你把刚才的话再重复一遍，我没听清。"这种方式只会让对方产生反感，使谈话陷入尴尬的境地，造成无法继续交流。

◎看准插话对象

其实插话也是要看人的，不可不看对象就乱插话。如果是比较熟悉的朋友就不碍事，可如果是上级领导，最好少插话为妙，确实有不同意见时，可以适时通过合理的途径反映给上级。在长辈们说话时，最好也不要随意插话，否则会有不尊重长辈之嫌。

◎始终保持中立的态度

插话技巧的关键之处就在于，始终保持中立的态度，即不对对方说话的内容做评价，不对对方情感的是非做判断。我们可以在非语言信息中流露我们的立场，但是不能在直白的语言中表明我们的态度，这是我们要遵守的插话技巧的重要原则。

总之，插话是在自己和他人之间假设一条"输导管"，当你掌握了巧妙插话的技巧，就可以更好地引领一场对话。

有的放矢，说话前先弄清楚说话的目的

世间万物都有其存在的目的和意义，就连最简单的说话也不例外。无论是正式场合的开会发言、媒体访谈，还是情侣间的浓情蜜意、朋友间的闲话家常，无一不是为了实现某些交际目的而进行的。所以，我们在说话时，一定要明确目的。不然，一不小心就可能造成话题跑偏或脱离轨道的情况，给他人留下一种说话含糊其词、模棱两可的印象。

一般来说，导致话题跑偏的原因有很多，但其中最根本最直

接的原因就是缺乏明确的谈话目的,以至于废话说了很多却让听话者云里雾里,没有明白你想要表达的具体意思。

下面,我们先来看一个案例。

某研究所最近申办了一个科研项目。为了掌握最新进度,院领导便派了一位同志去相关部门询问审批的结果。这位同志回来后便向领导汇报说:"所长,我发现现在办点事,可真麻烦!为了咱们所审批的事情,我连续跑了好几趟才碰到人。您不知道,现在负责审批的院部大楼正在重新装修,到处都是乱七八糟的,想找个人真好比大海捞针。就拿咱们要找的科技开发部来说,这是个刚成立的新部门,人不多,关键还老是下基层去办事。鬼知道他们整天忙的是公事,还是私事。之前我每次去都是'铁将军把门儿——没人'!直到昨天下午,才终于让我逮到他们的部门主任。嘿!这天下之大,真是无奇不有。没想到这个主任是我大学同学兼师兄,我们的关系特别铁。他在学校时篮球打得不错,那时候我们都是校篮球队的后卫,就凭我和他的关系,咱所里的这点事情肯定能办好,而且他也觉得咱们这事能成。这个项目若办下来,不仅能更好地发挥咱们的优势,还能面向市场搞活经济!虽然,他说此事已经有人开始行动了,但是他很看好咱们的这个项目,表示会全力支持咱们……"

所长听此人讲了一大堆,还没有说到正题上,于是不耐烦地打断他:"说了这么多,这项目报告到底是批了还是没批?"见领导急了,这位从进门就一直喋喋不休的同志这才说:"唉呀,我那位老同学说,他们还要和院办再研究一下,只有院办同意了他们才能批。本来我也去找了院办的负责人,可是不凑巧,院办负责人这几天出差了。所以，咱们所里的这事只能等到下个礼拜再说了……"

现实生活中，谁都不愿意和一个废话连篇，半天都讲不到点上的人沟通和交流。那么，为什么有些人说话总是会东拉西扯呢？原因就是因为他们不懂得言简意赅，说话目的不明确。我们在说话时，一定要做到有的放矢、言简意赅，要先说有实质内容、有信息容量、有干货的话，只有这样，才能有所取舍，避免说废话，做到该说的说，不该说的不说，才能不跑题，更清晰明了地向对方表达我们的想法与观点。

很多时候，我们交谈的对象和谈话的内容都是不同的，但最终的谈话结果都是一样的——达到自己说话的目的。

一般来说，人们说话的目的不外乎有以下几种：向对方传递自己所知道的或掌握的信息与知识，例如学术报告、产品介绍、现场解说等；引起对方的兴趣或者关注，常见的有搭讪、拜访、应酬等；拉近感情，例如闲聊、拉家常、叙旧等；鼓舞或激励对方的斗志、振奋人心，例如就职演讲、毕业典礼和各类活动致辞等；改变对方的观点或者是想法，如辩论、批评、竞选、改革性建议等。

语言是人们日常生活中最常用的沟通工具，倘若我们能够在说话时明确目的，并适当地运用一些技巧，做到有的放矢，那么将会有助于我们与对方更好地沟通和交流。相反，如果谈话没有目的，一味地东拉西扯，半天说不到主题上，这样不仅会让对方对我们的喋喋不休感到厌烦，还会给对方留下油嘴滑舌、夸夸其谈的不良印象。

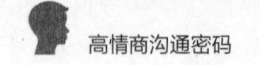

将"我"换成"我们",把对方变成自己人

在说话的时候,如果总是把"我"字放在嘴边,会给人很自私、很狭隘、很没有团队协作精神之感。这样的人,别人一般是不愿意与他交朋友的。所以,无论什么时候,我们在说话的时候,都不要把"我"字放在嘴边,而应该变"我"为"我们",这样更利于对方接受我们的观点。

在说话时把"我"变成"我们",百利而无一害。相比于"我","我们"会显得更谦逊、更亲切、更悦耳。

说到这,可能有些人会表示疑惑:这一字之差真的有这么神奇吗?事实证明的确如此!

案例一:一家大型公司招聘业务骨干。当招聘信息发出后,应聘者接踵而至。因为只有两个招聘名额,所以这家公司在一轮又一轮的激烈竞争后,从众多应聘者中挑选出了最优秀的三人,进行最后一轮的角逐。

最后一轮的题目是:"假设你们三人一起野外探险,但是很不幸,你们遭遇了极端恶劣的天气。虽然你们都侥幸活了下来,但很多物品都丢失了,只剩下了帐篷、水、绳子、手电筒这四样东西了。请你们按照这些物品对自身的重要程度进行选择吧!"

其中一位年轻男子首先回答,说:"我选择绳子、水、手电筒、帐篷。"

负责招聘的人员问道:"说说你的想法,为什么要把绳子放在第一位呢?"

这位年轻男子说:"我想活命,但我也害怕再次遭遇极端天气,所以,选择绳子是想在关键时刻能救自己一命。"

另一位女士说:"帐篷、水、绳子、手电筒,这四样东西我们都需要,都可以帮助到我们大家。"

"我们大家"这个词,很明显引起了招聘人员的兴趣,他一脸微笑地问这位女士:"说说你的看法吧!"

女士不紧不慢地解释道:"帐篷虽然只够两个人睡觉,但我们三个人既然一起结伙探险,那自然也可以轮流使用;水是生活之源,尽管只有一瓶,但我们大家可以省着喝,共同度过这次危机;手电筒可以在晚上需要的时候再使用;而绳子在关键时刻可以把我们绑在一起,以防走失和迷路。"

最后,第三位中年男子的回答也与这位女士的答案大致相同。

结果显而易见,第一位年轻男子淘汰出局了。

很显然,第一位男子因为把"我"字挂在嘴边而给招聘人员留下了不好的印象。通常,一个过分以自我为中心,缺乏团队合作精神的人,企业是不愿意录用的。

案例二:一位身材肥胖的女孩来到一家服装店买衣服。可是她看中的衣服却没有一件合身,于是懊恼的她看着镜子中自己的身材接连叹气。就在此时,一个和她身材差不多的导购小姐走过来问道:"是不是没有挑到满意的?"

"是啊!"胖女孩回答。

"像我们这种身材的人,确实很难买到合适的,这个我深有体会。"

导购小姐的话仿佛一下子就说出了胖女孩的心声。胖女孩连连点头说:"就是,很多衣服我其实很喜欢,可就是没有合适的码数,穿不了。"

紧接着,导购小姐非常耐心地把自己平时穿衣服和挑衣服的心得体会分享给了胖女孩,并对胖女孩说:"我们店里的衣服款式和码数都很齐全,我来帮你挑一件吧!你瞧,这件衣服就很不错呢,很适合咱们的这种体型,你试试看。"胖女孩对这位导购亲切的话语充满了好感,也相信导购的眼光没有错,于是立刻就去试穿,果然非常满意,立即决定买下来。

在这个案例中,胖女孩之所以对导购小姐的话深信不疑,就在于导购一开始就采用了"我们"一词,将自己和顾客的关系由买卖双方变成了同病相怜的"自己人"。结果,在这种自己人的感染下,顾客很快便对导购小姐产生了信任和好感,接下来的销售便水到渠成了。

生活中,可能有些人会觉得一字之差没有什么大不了,但其实"我"和"我们"带给人的听觉感受是完全不同的。比如,"这是我们共同生活的城市""这是我们一起看过的电影""这是我们一起工作的公司",像这种使用"我们"的话,能够将听话者变为自己人,让我们和听话者的心理距离更接近。反之,如果将"我们"换成"我",那听话者必然会认为你对他不够尊重、是一个自私狭隘的人,从而不愿意轻易与你交心,更不会与你发展友谊。

所以，聪明的人无论与谁说话，都会时刻谨记这一点，把集体观念与团队意识摆在心中的重要位置，把"我们"挂在嘴上。也只有这样，才能让我们说出的话发挥出最佳功效，帮助我们赢得对方的好感，获得一个好人缘。

掌握分寸，一言可以生祸，一语可以致福

要注意随时关注对方的反应

对不同交情的人，说话也不同

对不同个性的人，说话不同

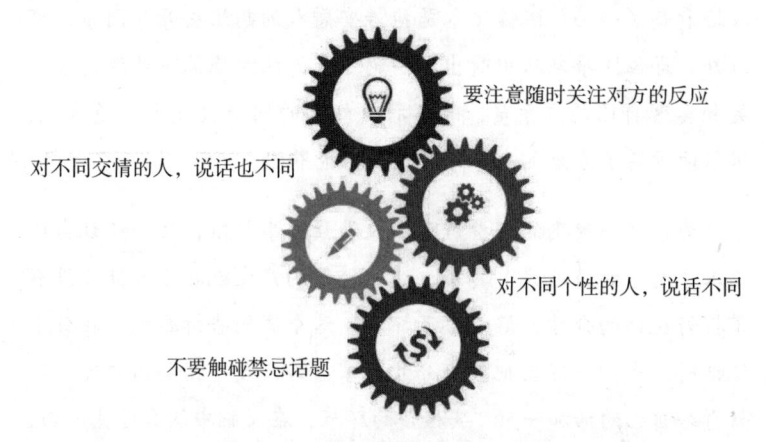

不要触碰禁忌话题

图 4-1　掌握说话分寸的 4 个原则

一些有经验的老人常常告诫我们："说话别拿过来就说，掂量掂量再说。"这里的掂量其实就是指我们在说话前要再三思考与衡量，掌握好分寸与尺度。很多时候，往往看似很普通的一句话，如果说的时候分寸拿捏得恰到好处，就会为你锦上添花，让你在交际的过程中取得意想不到的效果；反之，如果分寸掌握不好的话，也有可能祸从口出，让自己陷入一种尴尬的境地。

下面案例中的陈健飞，就是因为说话时没有掌握好分寸而遭遇了尴尬一幕。

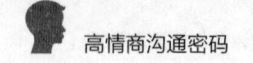

陈健飞刚刚入职到一家新公司。作为一名新员工，他很想快速融入到集体中去。所以，他凡事都表现得热情主动。

一次，一位姓张的同事在家因为一些琐事和老婆吵架，结果他的老婆一气之下要离婚。而陈健飞无意中得知后，想着同事一场，就主动跑去开导人家："唉，张哥，离就离呗。现在这世道，离婚很正常，大不了再重新找一个呗。咱可不能输了志气，让女人给看扁了……"陈健飞本是抱着安慰人的想法去开导同事，可谁知，那位同事却从中听出了"刺"来，认为陈健飞是故意来嘲笑和奚落自己的。于是，气不打一处来的同事大发了一通脾气，狠狠地责骂了陈健飞，弄得陈健飞尴尬不已。

为什么陈健飞的一番好意不仅没让同事领情，反而还让自己陷入了尴尬的境地呢？其实，这一尴尬的产生就在于陈健飞没有掌握好说话的分寸，好心办了坏事。这个案例告诉我们，在日常说话时，我们一定要把握好分寸，掌握好尺度。话要出口前，不妨再给自己的话加一个"安检"的环节，在大脑中认真过滤一遍，仔细想想什么该说什么不该说。只有合理掌控了说话的秘籍，我们才能开启左右逢源的交际之路。

那么，我们该怎么把握说话的分寸呢？

◎要注意随时关注对方的反应

与人交谈时，我们应随时关注对方的反应，从对方的神情中捕捉到对方的心理活动，然后再对聊天的方式做出适当的调整。比如，当对方表现得很烦躁、缺乏耐心，我们就应该立刻结束话题；如果对方表现出一副洗耳恭听的样子，那我们不妨开门见山有话直说；再比如对方对谈话持有怀疑的态度时，我们就应该对自己所说的话作出一些解释；如果发现对方有想要主动发言的倾向时，我们就应该立即把话语权交给对方，让对方发表自己的观点。而对方所说的话，我们也要认真倾听并加以思考。

◎对不同个性的人，说话不同

诚如这世上没有两片相同的树叶，我们每个人的个性也大不相同。因此，这就需要我们针对不同人的个性来进行有针对性的说话。比如，对方是知识分子，那我们说的话也应该深度一些；如果对方是不拘小节的豪爽之人，我们说话时就不要拐弯抹角，含糊其词了……唯有结合对方的个性来合理说话，才能更好地掌握好说话的分寸。

◎对不同交情的人，说话也不同

除了依据个性不同来掌握说话的分寸外，我们还需要根据交情的深浅来拿捏好说话的尺度。打个比方，如果双方只是泛泛之交，没有达到掏心掏肺的那种程度时，即使我们说话的方式符合对方的个性，那我们也不能随意高估自己在他人心目中的位置，不然就有可能犯下"交浅而言深"的错误，遭致对方的厌恶。

◎不要触碰禁忌话题

一般来说，每个人内心都有一些不可触碰的禁忌话题。比如说，女人会介意年龄，男人会介意工作收入，学生会介意考试成绩和名次等，这些别人眼里的禁忌问题我们最好不要去触碰，以免给自己带来尴尬。另外，一些涉及宗教信仰、政治、隐私、健康、产品价格或者带有争议性的话题，也不要去询问别人，因为

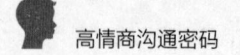

询问这样的问题不仅会给人一种唐突的感觉,甚至还有可能会引起对方的反感。

总而言之,说话一定要掌握好分寸,并言之有度,因为一言可以生祸,一语也可以致福。如果我们掌握不好说话的分寸与尺度,就会在无形中给自己带来一些麻烦和祸端;反之,掌握了一定的说话技巧,就等同于掌握好了说话的尺度。也只有尺度与分寸把握好了,我们在与人说话时,才能更好地达到自己的目的。

第五章

12 个说话技巧，拉近你和别人的距离

说话是我们与他人沟通、交流的重要方式之一，是我们表达内心世界的最佳途径。同样意思的一句话，从会说话的人嘴里说出来，能让人如沐春风，而从一个不会说话的人嘴里说出来，会让人别扭或不悦。得体恰当的语言表达和说话技巧，是拉近我们与对方心理距离、建立良好人际关系的关键。

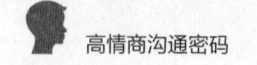

找好话题，聊天渐入佳境

不知道大家是否会有这样的担忧呢？和不熟络的人说话时，总担心话题选错而使聊天的气氛变得尴尬不已。其实，大家不必过分担心，与他人进行愉快的交谈并不是一件很困难的事，适当引入一些简单而巧妙的话题就能做到。

就拿最简单的天气来说吧。天气和人们的日常生活息息相关，不受个人的控制且每天的天气都充满着变化。所以，即便是和陌生人的聊天，也可以通过此话题让聊天变得畅谈无阻。当然，在聊到天气话题时，要避免"今天太阳真大"或"今天下雨了"等一些难以让人接茬的话，应采用"雨下这么大，你带伞了吗？"这样的问句，和对方形成话题上的互动。

另外，"八卦"也是一个可以让人快速打开话匣子的方式。比如，询问对方看的一些电视节目、喜欢的偶像或就对方感兴趣的点去探讨与挖掘，也会使聊天渐入佳境。但值得注意的是，千万不要在背后随意议论他人，以免给对方留下搬弄是非的印象。

寻找一个好的话题来作为双方聊天的开场白，不仅可以为之后的交谈做预热与铺垫，还可以由此引发对方主动交谈的欲望。

小张是一大型商场的市场部经理。为了进一步拓宽业务，他带着相关的资料去拜访了一家小有名气的帐篷生产厂商。在厂长曾老板的办公室里，他滔滔不绝费尽心思，可对方却三缄其口丝毫没有合作的意向。看到对方不为所动，小张便试着转换了思路，从对方公司生产的帐篷入手，装作不经意地提起："之前在手机上看到一则新闻，说现在很多喜欢野外露营的年轻人，所购买的帐篷都是来自于贵厂生产的呢……"

说到这个话题，曾老板立马来了兴致。他充满笑意地问小张："是吗？没想到采访完没几天，这么快就上新闻了！"小张竖起了大拇指，接着说："贵厂生产的产品质量过硬，销量又好，在本市可是鼎鼎有名呢！""没错，我可不是王婆卖瓜、自卖自夸。"曾老板接着说："现在的年轻人之所以喜欢我们的产品，除了款式新颖、质量上乘外，性价比也是原因之一……"就着这个话题，小张与曾厂长越聊越有兴致。临别时，曾厂长主动向小张提起了合作的事情，还约定了下次拜访的时间。

此案例中，小张之所以能够快速扭转局势与曾厂长愉快地交谈，就在于他找到了一个对方很感兴趣的话题。生活中，很多人在与人交谈时最容易犯这样一个错误：谈自己感兴趣的事，忽略对方的感受。但你要明白，聊天是双方的互动过程，如果你只顾自己高谈阔论，你又凭什么断定别人对你的谈话目的能提起兴趣呢？

因此，用一个好的话题来带动全场、活跃气氛，让聊天渐入佳境是十分必要的，而这就需要我们在交谈中学会没话找话。那什么是找话呢？所谓"找话"就是"找话题"，找交谈的切入点。好话题的标准是：双方对话题比较熟悉又感兴趣，有展开探讨的空间和余地。

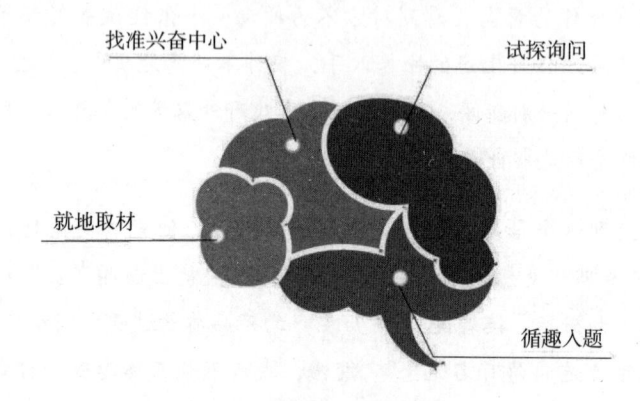

那么，我们应该怎样去挖掘一个好话题呢？

图 5-1　找到好话题的方法

◎**找准兴奋中心**

当与众人在一起时，聊天的话题应以众人都感兴趣且能有效激发起大家交谈的欲望为前提。毕竟这类话题是大家想谈、爱谈、能谈的，也唯有人人都有话题可谈论，能发表自己的观点与看法，才能将话题进行下去，从而引起大家的共鸣。

◎**就地取材**

如果实在找不到一个好的话题，那么我们不妨采用"即兴引入"法，巧妙地借用彼时、彼地、彼人等一些材料，就地取材来引发交谈。此种方法最大的优点就是可以灵活运用、信手拈来，但同时也需要找话题之人思维活跃、才思敏捷，能够迅速做出由此及彼的联想。

◎试探询问

在与不熟悉的陌生人交谈时，我们可以先提一些"投石"式的问题，在简单了解了对方的一些大致情况后，再循序渐进地进行深入交谈，方能使彼此的聊天话题更为自如。比如，聚会时见到陌生的邻座，便可先"投石"询问："请问您是主人的同事还是同学？"不管对方回答哪一个，都可以借此展开话题；哪怕问得都不对，对方只是老乡，那也可以借此打开话匣子，进入交谈。

◎循趣入题

兴趣是最能激发一个人说话欲望的话题。如对方喜欢美食，那以此为话题来谈论美食的做法与鉴赏，便能自然地让聊天渐入佳境。哪怕自己不会做美食，也可以从倾听对方的言论中大开眼界，并学到一些知识。

生活中，引发话题的方法其实很多，只要善于发现和利用，某事、某景、某种情感，都可以引发出一番别样的话题议论。重点在引，目的在导，只有合理而有效的引导，才能诱发出对方谈话的兴致，并让对方产生说话的欲望。

玩转幽默，掌控场面

说到幽默这个词相信大家都不会感到陌生。在人际交往中，一句幽默的话语不仅能快速化解双方的矛盾与尴尬，缓解紧张的人际关系，还可有效拉近交谈双方的心理距离。

美国一位心理学家说过："幽默是一种最有趣、最有感染力、最具有普遍意义的传递艺术"。在任何场合，幽默的语言都可以让我们的聊天气氛变得轻松、融洽，让我们获得他人的理解与支持。所以，要想获得众人的欢迎，为自己赢得好感，就必须学会话语幽默。

一位著名的钢琴家去某城演奏。当走上舞台时他才发现台下观众稀稀拉拉竟然只到了一半。虽然内心很失望，但很快他便自我调整了情绪，并充满幽默地对台下观众说："这个城市的富翁肯定特别多。因为我看到你们一人都买了三四个座位呢！"话音一落，台下顿时响起了一片欢声笑语。为数不多的观众立刻就对这位钢琴家产生了好感，带着欢快的心情欣赏起了演奏。

在公共汽车上，由于急刹车，一位年轻的小伙子由于没有拉紧扶手而撞到了前面一位女士身上。女士用北京方言嘟囔了一句："德行！"眼看着一场冲突即将爆发，可谁知这位小伙子却不急不恼地说："不是德行，是惯性！"此言一出，车厢里的乘客便哄然大笑起来，在笑声中，一场冲突就这样轻易化解了。

在与他人的交流中，幽默具有惠己悦人的神奇功效。当然，幽默并非是没有分寸的卖关子、耍嘴皮，也不是毫无意义的插科打诨和低级趣味，而应该入情入理，引人发笑，给人启迪。但是，日常生活中在用幽默的方式说话时，还应该注意下面几点。

◎幽默的目的

幽默并不是单纯的文字,而是运用智慧、聪明和一些搞笑的技巧,让别人能在一种轻松诙谐的状态下接受我们所说的话,并不是单纯地为了愉悦别人。

◎幽默的内容

虽然说幽默是为了调节气氛,掌控场面,但内容也切记不要太过于低俗或不雅。因为只有内容健康、格调高雅的幽默,才堪称是真正的幽默,才能让人发自内心地微笑,感受到幽默的魅力。

◎幽默的态度要友善

幽默的话语是否能让人感到愉快,有时也取决于说话者的心态。如果心存善意或只是为了反击别人,那么适当的幽默可以达到我们想要的效果。但如果幽默是以不尊重他人或伤害他人来进行,那这种幽默难免会让人感到尴尬与无奈,说不定还会为自己留下后患,导致他人对你产生怨恨。

◎幽默要分清场合

幽默并不是随时随地可用,也要分清场合。例如在一些严肃、庄重的场合下,就不宜使用幽默的话语来调节气氛。

◎幽默要分清对象

每个人由于性格、心情、身份的不同,所以对幽默的承受能力也不同。我们应该明白,幽默并不是万能的通行证,适合于所有人。因此,我们在说话时一定要先察言观色,根据不同的对象

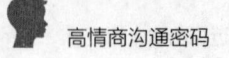

决定说话的方式。

只有了解了以上运用幽默说话技巧的一些注意事项后,我们在说话时才能更合理的运用幽默,将幽默的功效发挥到极致。在具体的操作中,还可以参考以下做法:

◎仿拟

故意模仿一些现成的词、语、句、调、篇及语句格式和腔调,临时改编和创造新的词、语、句、调、篇及语句格式腔调,称"仿拟"。

◎歪解

俗话说:"理儿不歪,笑话不来。"歪解就是歪曲、荒诞的解释,是以一种轻松、诙谐、调侃的态度,对问题进行曲解。虽然强行把"瓜"扭在一起,表面看起来不和谐、不合乎情理,但实则收获的效果却是出人意料的。比如说咸鸭蛋是怎么来的,如果我们说是盐水腌制的,这便毫无新意,但若回答是咸鸭子生的,那就会令人忍俊不禁了。

◎降用

故意使用某些"重大""庄严"的词语来说明一些细小、不重的事情,这种表达技巧便是"降用"。运用这种方法可以向对方暗示自己的想法,并启发对方思考,从而令双方的语言更加风趣和生动。

幽默是一种特性,一种引发喜悦、以开心愉快的方式去娱乐他人的特性;幽默也是一种能力,一种有效化解冲突与矛盾的能力；幽默更是一门艺术，熟练掌握这门艺术可以帮助我们更好地与他人进行和谐的沟通与交流。适当地运用幽默，不仅可以让我们更好地掌控场面，还能让我们收获良好的人际关系。所以，就让我们从现在开始，玩转幽默，让幽默为我们的生活增添光彩吧！

赞美，世界上最动听的语言

赞美不仅是世界上最动听的语言，也是人们最喜欢听到的语言之一。每个人都会为来自社会或他人的赞美而感到欣喜不已，适当的赞美不仅可以有效鼓舞人们的精神和士气，而且还可以拉近彼此的心理距离，可以说人与人之间的美好印象就是从赞美的那一刻开始的。

小刘出差回来后找财务填写报销单、行程单等，但是填了几次，不是这里不对就是那里不对，心里多有不满。于是，中午跟另外一个出差的同事吐槽说："你报销完了吗，报销也太麻烦了，表就填了好几次！"

"不麻烦呀，有模板！照着填就行了。"同事回答说。

"你哪来的模板？我怎么没有。"

"财务给的呀！我上午去填表的时候，她正在喝水，我看她杯子好可爱，顺嘴夸了一句，说'你真有眼光，这么可爱的杯子哪里买？我得给我女朋友也买一个'。财务小姐姐一高兴发了模板给我，帮了我大忙。"

一句看似简单的赞美，却能在无形中给他人带来鼓舞与激励。

一般来说，人的内心都希望获得别人对自己的赞美，因为没有人会心甘情愿地承受别人的指责和批评。但需要注意的是，赞美也必须恰如其分，切不可信口开河、胡乱吹捧，不然一味地夸大其词，只会让对方觉得你是在溜须拍马。所以，赞美别人不仅要有诚意，更要讲究方式方法，以下几点值得注意：

◎审时度势，因人而异

人的能力有大小，素质有高低，而性别有男女，年龄有长幼之别。所以，赞美也不可一概而论，应因人而异、突出个性、有针对性地去赞美，这样方能获得好的效果。比如，很多老年人总是喜欢谈论自己"想当年"的丰功佳绩与昔日雄风，当我们与之交谈时便可以多称赞对方引以为豪的精彩过去；而对年轻人采取赞美之词时，我们不妨语气略显夸张从他的创造才能和勇于开拓进取的精神方面入手，并列举出几点实例来证明；对于下海经商的人，我们可称赞对方头脑灵活、生财有道等；对于教师，可称赞无私奉献、德才兼备、学识渊博……当然赞美的前提一定要符合事实依据才行，切不可浮夸捏造。

◎情真意切，有理有据

虽然人们都喜欢听赞美的话，但赞美也要基于事实、发自内心。反之，你若睁着眼睛说瞎话，阿谀奉承、虚情假意地去赞美别人，那么不仅会让对方认为你油嘴滑舌、虚伪做作，还可能因此而对你产生不好的印象。比如，当我们见到一位相貌平淡无奇的小姐时，却偏偏言不由衷地对她说"你真的好美"，那么，很明显，对方会立刻认定你是一个油嘴滑舌之徒，并对你的赞美不屑一顾。但如果你着眼于她的穿着打扮、行为举止，从中发现对方的出众之处并给予真诚的赞美，她一定会高兴地接受。真诚赞美的前提是基于对他人的欣赏，它不仅可以帮助我们有效地发掘出对方的优点，还能使我们对人生保持一种乐观与欣赏的态度。

◎翔实具体，深入细致

在赞美他人时，我们一定要具体情况具体分析，不要太过于笼统和含糊其词，也不要说一些"你的人生很完美"或"你的工作很出色"等空泛飘浮的赞美，不然这样空洞而无依据的话，只会让对方不明所以，甚至还有可能引起对方的猜疑与误解。因此，赞美用语愈翔实具体，就说明我们对对方了解得越详细和透彻。也只有这样的赞美才会让对方感到真挚、亲切和可信，才能有效拉近双方的距离。

◎合乎时宜，适可而止

赞美的最佳效果就是相机行事、适可而止，所以我们在日常生活中赞美他人时不妨真正做到"美酒饮到微醉后，好花看到半开时"，唯有这样才能合理运用赞美之词去鼓舞与激励他人，从而达到"赞扬一个，激励一批"的良好效果。

有人说，赞美是所有声音中最温馨的语言，它能给人一种唯美的感觉。所以，要想获得好人缘，要想收获别人的真心，我们就要学会赞美的说话技巧，唯有如此我们在人际交往中才能更好地与人交流和沟通！

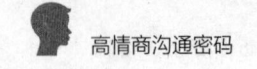

记住并直呼对方的名字

人际关系学家卡耐基曾经说过:"一个人的姓名是他自己最熟悉、最甜美、最妙不可言的声音。在交际中最明显、最简单、最重要、最能得到好感的方法,就是记住对方的名字。"

说到这,肯定有些人会不以为然。既然不信,那我们不妨设想这样一个情景:某天,在下班回家的路上,碰到一个有过几面之缘的人,我们自以为对方会记得自己。于是,满脸堆笑地主动和对方打招呼,"嗨,小曼,好久不见了,最近还好吗?"结果,对方一脸茫然地说:"噢,实在抱歉,我不记得你的名字了,请问怎么称呼你呢?"此情此景,我们肯定会觉得非常尴尬,本来是一次加深印象拉近彼此距离的好机会,结果却因为记不住名字而有点小失落,内心有没有觉得很无语呢?

可以说,记住别人的名字是一件非常重要的事情,不仅能够帮助我们在与别人的交往中占据主导地位,更能为我们赢得他人的尊重与好感。可能很多人会觉得有些不可思议,但事实证明的确如此。

王伟有位客户叫上官宇飞,和众多的三字姓名比起来,复姓的名字叫起来还有点拗口。很多时候,人们都习惯于称呼上官这个姓,而忽略了后面的名字。

但王伟却并没有随波逐流和其他人一样叫上官,而是在见面之后亲热地说:"上午好,上官宇飞先生,很高兴见到您!"

听到这句话,上官宇飞内心的激动溢于言表,过了好几分钟，他才回过神来，激动地说："哎呀，我身边的人都好久没有用全名来称呼我了。"就因为王伟正确地叫出了客户的全名，从此以后，上官宇飞便成了王伟的忠实顾客，双方也因此而建立了长期的合作关系。

在日常生活中，虽然大家对有过数面之缘的人印象不深，难以记住别人的名字。但只要肯用心、花时间与精力，自然也能把别人的名字记于脑海中。要知道，如果我们能记住某个人的名字，并在再次见面时主动叫出他的名字，这其实也是对对方的一种尊重。

心理学家也证实，在说话时如果我们能记住对方的名字并直呼其名，不仅可以让对方对我们所说的话引起足够的重视，同时也能促使对方更容易接受我们的意见和建议。

虽然，他人的名字对我们来说只是一个标识、一个称呼，但对名字的本人来说却是非常重要的，记住他人的名字体现的不仅是一种尊重，更是对他人的一种重视。所以，尝试记住别人的名字，并且在与之交谈时直呼其名，可以让别人对我们产生更加深刻的良好印象，同时也能让我们在人际交往中更加受欢迎。

到什么山唱什么歌，见什么人说什么话

俗话说，物以类聚，人以群分，根据不同人的特征，变换自己的说话方式，让我们能够更好地与他人交流。

"人上一百，形形色色"，每个人都有不同的性情和喜好，所以我们在和别人说话时不能毫无变化，而应该考虑到对方的性

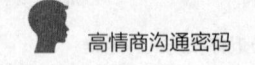

格、喜好和脾气，做到因人而异，见什么人说什么话。

◎说话时要看对方的性格和性别

和不同性格的人说话，方式应该有所不同。性格内向的人往往沉默寡言，我们在和他们说话时，要学会引导。性格外向的人一般情绪外露，我们在和他们说话时，就可以高谈阔论。

◎说话时，要看对方的性别

性别不同，说话的方式也应该不同。例如，说一个男性长得胖，他可能不会往心里去，而说一个女性胖，她可能会觉得很受伤。因此，我们在说话时要注意到这些差异，对不同性别的人说不一样的话。

◎说话时要看对方的身份和职业

对文化程度不高的人，说话要通俗易懂，满嘴之乎者也只会让对方摸不着头脑，觉得我们在摆架子。对文化素养较高的知识分子，说话要文雅含蓄，一口江湖气容易引起对方反感。俗话说"秀才遇见兵，有理说不清"，说的就是这个道理，有的人说话不看对象，就会闹出笑话。

一次，孔子带学生出外讲学，他的马挣脱了缰绳，跑到庄稼地里吃了人家的麦苗，被农夫扣下了。子贡一贯能言善辩，于是自告奋勇地去与农夫说理。他满口之乎者也，天上地下，引经据典，讲了半天，农夫却越听越生气。

这时，一位刚刚跟随孔子不久的学生走到农夫面前，笑着说："你不在天南，我也不在海北，我们生活得这么近，勺子哪能不碰锅沿呢？说不定哪天你的牛也会吃掉我的庄稼哩，所以我们该彼此谅解才是。"

农夫听了这番话，觉得很在理，便将马还给了孔子，并说："这话说得在理，哪像刚才那个人，说话别别扭扭，唠叨半天也不知道他到底想说什么。"

如果我们要准确传达我们要表达的意思，就要根据对方的身份来说话，如果不看对方的身份，说出的话就会让人误会，或者反感，我们也达不到说话的目的。

◎说话时要看对方的兴趣爱好

当了妈妈的女性，一般最感兴趣的一定是孩子的教育问题；上班族一般都对经济环境、行业新闻感兴趣；年轻的女孩一定爱聊时尚、文娱方面的话题。从对方的兴趣爱好入手，能让对方很快打开话匣子，如果再加以引导，也许还能让对方敞开心扉地与我们进一步展开交流。

◎说话时要看对方的年龄

不同年龄层次的人关注的话题也不同，一般来说，老年人关注养生，喜欢别人夸他身体健康；中年人关心家庭和事业，喜欢别人恭维他家庭美满、事业有成；年轻人关注自身发展，喜欢别人说他有想法、有能力。

◎说话时要看对方的心理需求

说话时要明白对方的心理需求，适当懂点心理学，能帮助我们把话说到对方心坎里。

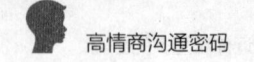

小丽是某美妆专柜的促销员，十分懂客户的心理需求，常常一开口就把客户留下了。

一次，一位女士在小丽的专柜挑选一番口红后，锁定了两款颜色，但具体买哪个，还没拿定主意。

于是小丽说："您的眼光真好，这两款色号都非常适合您的肤色，这一款显白，这一款显气质，而且其他品牌您也没有相中，所以您要不要考虑都买回家呢？"

女士立刻问道："你怎么知道我看过其他品牌了？"

小丽笑容不减："因为姐姐的气质出挑，人群中太显眼，我站在柜台里，一眼就看到您了。"

于是，那位女士不再纠结购买哪一款，而是爽快地将两个色号的口红全都带回了家。

小丽的表现，完美地验证了那句话：洞悉客户，快速成交。她准确地从事实和情绪上，把产品信息直达客户脑海中，让客户心理上极度舒适，从而迅速达成购买意愿。

◎说话时要注意和对方的关系亲疏

如果对方是我们亲近和熟悉的朋友，那么我们说话时就可以畅所欲言，与对方推心置腹，甚至可以开一些比较放肆的玩笑。但如果我们和对方交往不深，就要管住自己的嘴，想想什么话能说，什么话不能说，要注意和对方保持恰当的距离。

最后，还有一点要注意，那就是说话时要有眼色。我们说话时，应该说多少、怎么说都是有讲究的。如果对方很忙，我们跟他说话就要做到简短扼要，别人没时间听，我们还滔滔不绝地说个不停，就是没眼力价儿；如果在交流看法和见解的时候，惜字如金，不愿多说，就会让对方觉得我们敷衍了事。总之，我们要根据时间和场合及时调整自己说话的内容和方式，要有眼色，避免尴尬。

"到什么山唱什么歌，见什么人说什么话"是一种说话技巧和处事智慧，运用好它就能帮助我们更好地达到说话目的。

用自嘲来为自己解围

自嘲是一种高级的说话技巧，也是一种很高的人生境界。只有自信豁达的人才敢使用这种说话技巧，因为使用这种技巧要拿自己开玩笑，把自己的错误、不足和缺陷拿出来当作笑料，放大自己的缺点，用夸张的方式引人注意，然后再借题发挥，达到让人发笑的目的。一般来说，这种自嘲的技巧不自信的人是做不到的，它要求我们必须要有乐观自信的性格和宽广豁达的胸襟。

生活中，我们难免会遭遇尴尬时刻，巧妙的自嘲可以让我们摆脱难堪的窘境，还能赢得别人的佩服和尊重。下文中的石大爷，就为我们作出了很好的示范。

石大爷性格乐观豁达，而且不拘小节。有一次他不慎摔倒了。这种情况要是换做一般人，一定会感到万分尴尬。但是这位大爷却不慌不忙地站起来说："还好我是石大爷，经摔！如果是瓷器的，早摔破了。"周围的人听到他的话都哈哈大笑，石大爷

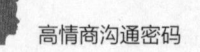

用一句幽默的自嘲化解了尴尬。

在我们处境尴尬时，可以用巧妙的自嘲来制造幽默缓和气氛，让尴尬化解于无形，为自己解围。有时候，适度的自嘲能体现一个人的智慧和胸襟，不仅不会让别人看低我们，反而能让别人对我们刮目相看。

有两个人，一个人很胖，另一个却瘦得像竹竿。有一天他们两个人不小心同时摔倒了，为了给自己解围，胖子是这样说的："还好我有这身肉垫着，摔在地上都不疼。"瘦子却换了一种说法："摔得这么重，幸好我身上没肉，要不然就成了肉饼。"

在这个故事中，胖子和瘦子两个人都用自己的话语化解了尴尬，让大家忽略了他们摔倒的狼狈。

人生中难免有波折，每个人都会遇到蒙羞和窘迫的时刻。面对这样的情况，有的人会选择掩藏辩解，有的人却选择豁达面对，用自嘲来为自己解围。其实，很多时候，掩藏和辩解反而会让我们更难堪，而自嘲却能够让我们缓解尴尬，重新找到自信。

下面这个案例中的老四，就深谙自嘲之道。

某高校的男生寝室里，六个刚入校的新生们聚在一起排座次。几个人中老四心直口快，他跟年纪最小的老六开玩笑说："你是年纪最小的，是我们寝室的宝贝疙瘩，以后就叫你'小疙瘩'吧。"老四的这个玩笑本来是无心的，但是老六却听者有意，因为他这段时间正为自己脸上的痘痘而苦恼，想了很多办法都无法对付脸上的"小疙瘩"，老四这句话简直就是在他的伤口上撒盐。

所以听到了老四给自己取的昵称后，老六的脸色一下子难看了起来。

老四看到自己的话惹恼了老六，心中十分懊悔，他想了想，拿起桌上的镜子自言自语道："'雨打沙滩万点坑'，老六，我这脸上真是一坑连一坑啊。"原来，老四的脸上也因为长痘痘而留下了一些痘印，老六听了这话忍不住笑了，也不再怪老四。老四巧妙地把话题转移到了自己身上，及时避免了矛盾。

适当的自嘲是一种化解误会的重要方式。上面案例中的老四在无意冒犯了别人之后，马上调侃了自己脸上的痘印，并进行了夸大，用夸张的表达逗笑了老六，让他消气。他的自嘲成功化解了尴尬，间接表达了自己的抱歉，并让老六原谅了他有口无心的玩笑。

说话时适当的自嘲能起到很多积极作用，除了为自己解围以外，还能让我们说的话更有趣味性，让我们的个性更突出，让别人对我们的印象更深刻。不过，自嘲的说话技巧如果用得不好，也会让我们说错话，为沟通造成阻碍。自嘲的目的是为自己解围，化解尴尬，因此，我们自嘲的态度一定要积极，要避免玩世不恭。

总之，适时适度地自嘲是一种良好的修养，更是一种充满魅力的说话技巧，它既可以活跃气氛，又可以消除紧张，而且不会伤害别人。当我们在生活中遇到窘境、对付尴尬局面时，不妨多一些风趣幽默的自嘲，制造宽松和谐的交谈氛围，在替自己解围的同时，也使人感受到我们的可爱和富有人情味。

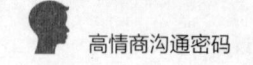

试着放低说话的姿态

我们与人说话时,要偶尔说一说"不好意思,我没听懂您的意思""您能再说一遍吗""我也不知道"这样的话,把姿态放下来,让对方感受到我们也是很谦逊的。如果我们每次说话都锋芒毕露、咄咄逼人,就容易刺伤对方,引起对方的反感,让对方从内心拒绝、防备我们。

有一位特别受孩子们欢迎的老师,他很喜欢与孩子们交流,在孩子们面前从来不摆架子。有一次,班上一位小朋友问这位老师:"老师,你小时候最讨厌上哪门课,爸爸妈妈会不会经常骂你?"这位老师回答他:"我小时候数学最差了,经常考不及格被妈妈骂。但是我英语学得不错,所以我长大后成了大家的英语老师啊。"他的回答逗得孩子们哈哈大笑。

还有一个叫丽丽的小女孩愁眉苦脸地对这位老师说:"我最讨厌妈妈了,她总是骂我,不让我看动画片,但她自己却整天玩手机,一点也不公平。我觉得妈妈老是玩手机是不对的。"老师听了丽丽的话,耐心地对她说:"你说得对,妈妈确实不应该每天看手机。你既然知道妈妈错了,就不要学她,每天要少看电视,多阅读才行啊!等你学习进步了,老师和妈妈都向你学习。"

案例中的这位老师不仅把说话姿态放得低,还十分懂得孩子们的心理,他站在孩子的角度,分享了自己上学时数学不好的故事,并借机告诉孩子每个人都有自己的长处,只要努力,就能成为对社会有用的人。他还认同了丽丽的想法,承认大人也会有缺点和错误,鼓励丽丽加油努力,比大人做得更好。通过这些话,孩子们发现老师并不是高高在上的，和他们是平等的，跟他们有一样的烦恼，站在一样的角度看问题。总之，这位老师用他平等而亲切的话语抓住了孩子们的心，班里所有的孩子都把这位老师当成了自己的好朋友，家长们也觉得这位老师没有架子。

我们在说话时要学会放低姿态，而放低姿态最重要的一点就是要保持谦虚。人们之所以推崇谦虚的做人态度，是因为成功的事业离不开它、优秀的品性也离不开它。一颗谦虚的心，能让我们戒骄戒躁，在说话做事时放下架子，保持低姿态。

但是保持谦虚说起来容易，做起来却难。有的人受到夸奖后会忍不住飘飘然，还有的人会变得手足无措，想要谦虚一番却不得要领，说出"不是我一个人的功劳""荣誉归功于大家"这类来听起来"假大空"的话。

那么，在说话时，怎样做才能表达自己的谦虚，把姿态放得更低一点，给人留下一个良好的印象呢？我们不妨这样做。

◎把赞美转移

有时候大庭广众下的表扬和赞美会让我们感到不好意思，这时候我们可以想办法把赞美和表扬"转移"到别人身上，让自己"脱身"。不过，我们"转移"赞美时，要显得有理有据，不然也会显得"假大空"。

◎不要过分谦虚

俗话说"过分的谦虚等于骄傲"。面对来自他人的称赞，如果我们过分谦虚，一直贬低自己，把姿态放得过低，反而会给人

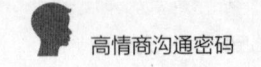

傲慢的印象，认为我们不屑接受他的夸奖。所以谦虚也要有度。

◎ 看淡成绩

面对自己取得的成绩时，我们不能妄自菲薄，但是也不必把它看得太重，因为我们以后的人生中还会取得更多的成绩。面对夸奖和赞美，看淡成绩能让我们始终保持谦虚和谨慎，摆正自己的姿态。

◎ 巧用比喻

与人说话时，谦虚过头也会给人虚假的感觉。如果我们直接跟对方说："我怎么比得上你。"对方有可能会认为我们在嘲讽他。这时候，我们可以借用一个巧妙的比喻来表达自己的谦虚和低姿态。

◎ 征求批评

表现自己谦虚、适当放低自己姿态的一种最有效的方法便是在面对别人的赞美时，诚恳地征求大家的批评。当然，在征求批评时也要注意适度，当心虚心变成虚假。

总之，在说话时，尝试着放低自己的姿态，做到虚心而诚挚，保持平和坦诚的态度，尊重对方，可以让我们拉近与他人之间的距离，收获他人的喜爱和尊重。

照顾别人的感受才能更受欢迎

作家刘墉在《萤窗小语》中有写到："得意人前勿谈失意事，

免得毫无反应；失意人前勿谈得意事，免得予人伤害。"这句话告诉我们：说话时要注意照顾对方的感受，不能揭人伤疤。如果不顾对方感受，信口开河，不但达不到说话的效果，还会激起对方的反感。

说话口无遮拦、喜欢揭人伤疤、不顾别人感受的人，永远都不会有好人缘。说话总是很伤人，而且不顾忌别人感受的人，容易一开口就惹来麻烦。

小赵就是这样一个说话不顾忌别人感受的人，公司里有位女同事个子比较矮，有一次小赵在办公室里大声调侃这位女同事，说："哟，又穿高跟鞋啦，可是你往人堆里一站我还是看不见你啊！"这位女同事气得和他当场翻脸了。

还有一次，一位朋友的母亲生病住院了，小赵大大咧咧地对那个朋友说："看你最近情绪不太好啊！不就是你妈住院了吗，我还以为多大的事呢！"话一说出口，朋友就生气了，很久都不跟小赵来往。

如果我们在生活中遇到小赵这样的人，我们也会很生气，甚至哭笑不得。小赵的故事告诉我们，在说话时，应该注意照顾对方的感受，不该说的话不要说。那么，我们要怎样说话才算是照顾对方的感受呢？下面四点建议值得参考：

◎说话要懂得看时机

说话时要懂得挑时机，该说时就说，不该说时要及时打住。有的人一开口就停不下来，不分场合不看时机，殊不知这样的行为实在惹人厌烦。

李老板就是被一个不懂看时机说话的朋友搅黄了生意。一天，他和一位客户在茶楼谈生意，正当他们谈得差不多的时候，一位朋友过来和李老板打招呼，并且毫不见外地加入了谈话。这位朋友一会儿谈国际政治格局，一会儿谈国内经济形势，李老板使劲使眼色，暗示他不要说了，可是这位朋友却毫无察觉，依然滔滔不绝。客户终于听得不耐烦了，站起来对李老板说："要不你们先聊，合同的事我们改天再谈吧。"说完就离开了。好好的一单生意，就这样被搅黄了。

我们每个人都有表达自己的需要和欲望，但是我们在说话时，一定要照顾对方的感受，要看时机。否则就会引起对方的反感，甚至给对方带来麻烦。

◎说话要照顾对方的时间

我们有精力滔滔不绝地说，可是对方却不一定有时间听。在说话时，我们要注意照顾对方的时间，看看对方忙不忙，有没有时间听我们说。如果对方很忙，我们就要言简意赅、长话短说；如果对方恰好空闲，我们就可以长篇大论、娓娓道来。总之，我们说话的时间要取决于对方的时间。当对方没有时间或还有其他事要忙时，我们要及时打住，如果还喋喋不休的话，就会让对方感到厌烦。

◎多说"而且"，少说"但是"

有些人说话时喜欢"先扬后抑"，在批评别人之前，先把对方赞美一番，最后话锋一转加上"但是"，就开始批评别人。他们认为这样说话比较委婉，容易令人接受。特别是许多家长，总喜欢用这样的说话方式来批评孩子,例如:"孩子,最近老师说你表现进步不少,真棒!但是数学成绩再提高一点就好了。"对于家长的话,孩子在听到前半句后会觉得很开心,在听到"但是"之后,就会感觉前面的表扬只是敷衍,家长的主要目的不是表扬而是批评。

此时,家长如果能换成说法,把"但是"换成"而且",可能就会收到更好的效果。例如,家长们可以这样说:"孩子,最近老师说你表现进步不少,真棒!而且老师说只要数学再进步一点点,总成绩会更好。"这样一来,孩子不仅能感受到家长真心的表扬,也更容易接受"而且"后面的建议。

◎ 说话不要过度重复

即使再正确的话,也不要过度重复。因为再好的话,重复说多了也会变味。一个满腹怨气的人,他每天重复说的话是抱怨;一个喋喋不休的人,他每天重复说的话是唠叨;一个好为人师的人,他每天重复说的话是说教。要知道,不管是什么话,只要每天重复不停地说,最后都会变成废话。就算是真理,如果我们每天重复说,对方也不会接受,只会厌恶和反感。所以,我们说话时不要过度重复,重复说的话是没有价值的,我们不要对着对方的耳朵"倒垃圾"。

总之,说话时照顾别人的感受,能够让别人更愿意听我们说话,让我们更受欢迎。

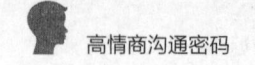

善意的"谎言"是人际关系的润滑剂

有时候,"真话"比"谎言"更令人难以接受,所以我们需要善意的"谎言"。善意的"谎言"是人际交往中的润滑剂和缓冲剂,它能缓和气氛,为他人留住面子,甚至能让"被骗"的人心存感激,所以,我们在说话时必须要学会使用善意的"谎言"。

不分场合、不分对象地说实话不是"耿直",而是情商低。我们在说话时不需要一味地追求"说真话",我们完全可以在不伤害他人利益的情况下,说一些善意的"谎言"。在某些极端情况下,"真话"会揭露残酷的事实,让人失去信心,而善意的"谎言"却能让人保持积极的心态。

有一艘货轮因为雷达失灵,在大海上迷失了方向,通信设备也发生了故障,无法与公司取得联系。食物和淡水一天天消耗,船上的几十名船员心理压力越来越大,强烈的求生欲让他们开始争夺有限的淡水和食物,有个别船员在争夺中受了伤,船上的局面已经到了失控的边缘。

在危急关头,船长站了出来,他对全体成员说:"我带了一台卫星电话,卫星电话没有出现故障,前两天我一直尝试联系公司,今天已经联系上了,公司已经派出了救援的船只,你们大家只要听我安排、耐心等待就一定会得救!"船长的话让大家十分振奋,安抚了大家的情绪,船员们都恢复了理智。船上的秩序恢复了正常,大家都开始自觉地分配淡水和食物。

此时,船长却找到了维修技师,对他说:"其实我没有所谓的卫星电话,所以这几天我们一定要想办法恢复通信设备。"维修技师听了船长的话以后,大惊失色:"你是骗大家的!你为什么要给我们虚假的希望!"

船长正色道:"如果我不骗大家,我们可能连这几天都坚持不下去,而且一旦大家情绪失控,后果会不堪设想。我这么说是为了先稳住人心,为维修设备争取时间。"在接下来的几天里,维修技师不眠不休地抢修通信设备,终于使货轮恢复了通讯。又过了几天,附近航行的船只为他们送来了补给,船上所有的人都得救了。

安全返航后,船长才告诉了大家真相,得知真相后的船员们后怕不已,如果没有船长善意的"谎言",一定会发生不可挽回的悲剧。

在这个故事中,船长用善意的"谎言"给了船员们希望,为维修争取了时间,阻止了一场有可能发生的悲剧。

有时候,"谎言"比"真话"要善良得多。生活中,我们为了达到某些目的,必须要学会说一些善意的"谎言",但是,这些"谎言"必须要不违背道德和良知。

通常,在说话时,如果遇到以下几种情况,我们可以使用善意的"谎言":

◎需要婉拒别人时

有时候,我们面对一些不想答应的邀约或者让我们很为难的请求,就要使用这种善意的"谎言"。比如,不太熟的朋友邀

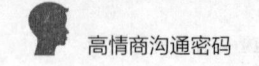

约吃饭，但我们不想去，就可以找借口说已经约了别人。这样找理由拒绝对方，既不伤对方的颜面，也达到了我们婉拒邀约的目的。

◎需要安慰、鼓励别人时

当别人需要安慰、鼓励时，我们可以多说一些善意的"谎言"。比如，我们最常对小孩子说的一句话就是"你真棒！"这短短的一句话中饱含着莫大的鼓励；当朋友遇到困难时，我们一般会这样安慰他："别担心，一切都会过去的！""你已经尽了最大努力了。"或许，事情并不会很快过去，朋友也确实没尽全力，但这些善意的"谎言"，却能够给朋友带去安慰和鼓励，表达出我们的关心。

◎需要增强气氛时

英国著名作家萧伯纳说：我开玩笑的方法，就是编造真实。编造真实乃是这个世界最有情趣的玩笑。在说话的过程中，为了强调说话的内容，我们可以把真实事件进行夸大，或者编造渲染一些细节。这种方法可以增强说话的气氛和话语的感染力。

◎需要维持人际关系时

如果我们想要维持良好的人际关系，就不得不说一些善意的"谎言"。比如，当客人的孩子摔坏了家里的东西，我们很不高兴，但是为了不给客人增加心理压力，我们必须要说："摔了也没关系，我正好换个新的。"

◎需要自我保护时

生活中我们偶尔会有一些小失误,还有一些无伤大雅的小缺点,这些事情不会对对方造成伤害,也不违背道德,所以为了保护自己,我们不必对他人坦诚相告。比如,当一些平日里爱打探消息的同事要拉着你一起吃饭时,你不想去又不好拒绝,那就可以说"不好意思啊,今天答应孩子晚上一起吃饭的"。这样做的好处就是不会让大家尴尬,日后不好相处;同时,以孩子或者家庭为借口,立了一个"爱家"的人设,将来可以反复利用。

◎需要获得好感时

这种善意的"谎言"是生活中最常见的,比如,"你今天真漂亮。""你真是越活越年轻!""你的新衣服真漂亮。""你的演讲实在是太精彩了!"我们希望给对方留下好印象,所以我们每个人每天都在说这种善意的"谎言",甚至不需要思考,就可以脱口而出,这是因为我们都想获得别人的好感,拉近与对方的距离。

遇到上面几种情况时,我们都可以使用善意的"谎言"来达到我们说话的目的。不过,我们在说善意的"谎言"时要注意做到自然可信和善良真诚。以伤害和欺骗为目的的"谎言"是得不到任何人的好感的。

巧说话,赢得对方的好感

那些言谈灵活又吸引人的人在人际交往中总是特别受欢迎。如果你也想成为那样的人,在说话时做到快速拉近与对方的距

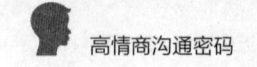

离，赢得对方的好感，那么就必须学会以下几点说话的技巧：

◎表达关心、传达善意

一般来说，很少有人会拒绝别人的关心和善意，除非这份关心会带来伤害。当我们的关心足够真诚时，对方会立即感受到我们的善意，并对我们产生好感。

表达真诚关心的最佳方法就是善意的建议。比如，我们夸奖女同事"你今天的发型真好看"。这仅仅只是一句平淡的赞美，对方不会有很强烈的感觉。如果我们说："你的发型很适合你，如果再染个颜色，会更可爱。"对方一定能感受到我们真诚的关心。如果我们能经常这样关心对方，一定能赢得对方的好感，使彼此关系更亲近。

◎巧露短处，赢得关注

适当暴露自己的短处和缺点，会给人留下坦率、真诚的印象，这种印象会让别人觉得我们是诚实可靠的，自然而然地就会对我们委以重任。

我们的短处和缺点不需要全部展露出来，只要找出一两个无伤大雅的就可以了。一两个明显的小缺点会让人忽略我们其他的不足，给人造成"这个人除了这点小毛病，其他方面都很优秀"的印象。这种真实又可靠的印象能帮我们更快获得他人的好感。

◎把对方的话放在心里

表现出对对方的重视就能赢得对方的好感。比如，把对方说过的话放在心里，等下次和对方说话的时候再不经意地提起，对方会觉得惊喜和愉快。如果我们能记住对方的生日、兴趣、爱好、特长等对对方来说十分重要的事，并表现出关心，对方一定会有十分受重视的感觉。

◎及时发现对方的微小变化

有的丈夫不善于对妻子表达关心，妻子穿了新衣服，剪了新发型，丈夫过了一个星期都没发现，或者发现了却不夸奖妻子的新形象。这样的情况下，妻子就会觉得丈夫不够重视自己。事实上，之所以会出现这种情况，就是因为丈夫观察得不够仔细，没有察觉到妻子微小的变化。

不论是谁，都渴望着来自他人的关注，对于十分关注自己的人，也会产生好感。如果我们想赢得对方的好感，就要积极表现出自己对他的关注。一发现对方的微小变化，就要立即告诉对方，赞美对方。比如，同事穿了新衣服时，我们可以说："这件衣服是刚买的吧，真的很适合你。"一句简单的话，就表现了我们对同事的关注。

而且，我们指出的变化越微小，越不容易察觉，对方就越高兴。及时关注对方的变化可以让对方感受到我们的关注和关心，这能让我们和对方的关系更加亲密。

◎称呼对方的名字

受传统文化的影响，我们通常不是很习惯直呼别人的名字，认为直呼其名是不礼貌的。其实，称呼对方的名字可以拉近我们和对方的距离，让双方快速熟络起来。

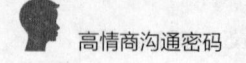

西方人在说话时就很喜欢称呼对方的名字，他们常常把对方的名字挂在嘴边，这种做法能让对方心中涌起浓浓的亲切感，就算是初次见面，也让人感觉仿佛相识已久。这样做还有一个好处，就是让对方感觉我们认可他，是他的"自己人"。

◎谈对方关心的事

说话时，谈论对方关心的事，能引起对方的兴趣，并自然地引出话题。要做到这一点，就要做个有心人，充分地了解对方。

了解和整理对方的信息可以让我们加深记忆，为和对方下次见面做准备。把对方感兴趣的和关心的"情报"记下来，再次见面时，我们就能为对方提供他感兴趣的"情报"，让对方认识到我们的价值。

如果有一个第一次见面的朋友对模型非常感兴趣，我们就可以稍稍了解这方面的新资讯，下次见面时提供给他，这样可以表现出我们对对方的关注和重视，如此一来，对方也会对我们产生兴趣和好感。

以上是说话时赢得对方好感的一些小技巧，千万不要觉得这样的做法很功利，要知道，当我们在这样做的时候，虽然我们怀揣的是赢得对方好感的目的，但是我们的关心却是真诚的。

千万不要小看说话的作用，与人说话，是推销自己和拉近关系的最好时机。巧妙地说话，既能赢得别人的好感，也能达到自己的目的。因此，我们平时在说话时，可以多参考以上这些说话技巧。

一声正确的称呼，开口便赢得人心

在日常交往中，我们每天都要和不同的人见面与交流，在这个过程中，我们免不了要称呼别人。从某种程度来说，如何恰当地称呼对方，是人际关系中重要的一环，更是我们踏入交际大门的通行证。一声正确的称呼，可以帮助我们开口便赢得人心，反之，如果称呼运用得不恰当，不仅会导致双方谈话的中断，甚至还可能引起对方的恼怒，令对方久久无法释怀。

下面案例中，小陈就因为正确使用称呼而赢得了领导的赏识。

小陈刚毕业就进入了一家公司，成为人力资源部的一名职员。但他很快就得到了部门经理的重用，成为了整个部门提拔最快的员工。

原来，小陈除了业务能力不错外，他对部门经理的称呼也是原因之一。如果没有其他人，小陈对经理一口一个"哥"，就像自家亲人一样。但只要有外人在，小陈就立刻改为正式称呼——王经理。

有一次，经理半开玩笑地对小陈说："你行啊，人前人后对我两副面孔，一会儿'哥'，一会儿'经理'的。"

小陈笑着说："哥，我是真的感觉您这人特亲切，跟我亲哥似的，所以就忍不住叫您'哥'；但是有外人在，您就是领导，这可不能乱……"

经理听后，哈哈大笑，说："你小子可以，孺子可教！"

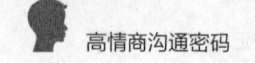

不管是在职场、社交，抑或是生活中，正确而礼貌的称呼都有助于让我们快速赢得对方的好感，帮我们处理好与同事、朋友、家人之间的关系，并为自己赢得一个好人缘。而错误的称呼则可能让人心生不快，并为人际关系的发展增添阻碍。

称呼的正确与否和我们的日常生活息息相关，在交往中，我们应该学会慎重地选择一个合适的称谓来称呼他人。一个聪明的会说话的人，在对待他人的称呼上是一定不会敷衍了事的。当然，如何选择正确的称呼方式也是需要一些技巧的，总结起来，主要有以下几个原则：

◎要看对方年龄

老话说得好："逢人减岁，遇物加钱"。意思是说，人往年轻讲，物往贵处说。很多人都希望自己能够永远年轻，青春长驻，这其中又以女性尤甚，所以能叫小姐姐的就还是别叫阿姨了。即使别人的年龄足以做你的阿姨，但对方也不会对你这种美丽而错误的称呼产生反感，反而还会高兴不已。

◎要考虑自己与对方的亲疏关系

在称呼他人时，我们还要考虑自己与对方之间的亲疏远近。比如，面对亲密无间的朋友或亲人时，直呼其名并不会引起对方的反感，反而会让人感到轻松和愉快。但若是你直接称呼"女士"或"小姐"时，就会在无形中把关系变得疏远。当然，若是为了创造意外之喜，偶尔开个玩笑，也是可以的。

◎要考虑对方的职业

不同的职业,称呼也不同,在称呼他人时,我们还需要考虑到他人的职业。比如,对机关干部和企事业单位的公职人员应称"同志";对医生应称"大夫";对教师应称"老师";对司机应称"师傅"……总之,我们应以职业的不同来做出合理的称呼。

◎要注意区域性

有一些称呼是具有一定的地域性的,如果使用不当的话就会贻笑大方。比如,山东人喜欢把朋友称呼为"伙计",但在南方人听来,"伙计"却是"打工仔"的意思;中国人习惯把配偶称为"爱人",但在外国人看来,"爱人"是"第三者"的意思。因此,在称呼他人时,我们也要注意区域性,要懂得入乡随俗。

◎要注意场合

虽然说有些称呼能体现双方之间的亲切情感,但在一些正式场合却不宜使用。例如"兄弟""哥们儿"等一类的称呼,听起来虽然让人舒服,可以拉近彼此的距离,但却显不出档次。

在说话时,称呼往往是给对方留下的第一印象。不同的称呼反映的是交际双方身份、地位、和亲疏远近的区别,传递的是说者对听者的态度与热情。所以,我们一定要根据交谈对象的年龄、职业、身份、地位、区域、场合及亲疏远近来使用恰当而合理的称呼,这样才能让人际交往关系得到良好而可持续的发展。

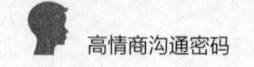

用寒暄拉近彼此的心理距离

何谓寒暄？寒暄其实就是问候与应酬。虽然寒暄表达的是一些单调而简单的话语，但它在人际交往中发挥的作用却是不容小觑的。一个恰到好处的寒暄，不仅能帮助我们营造和谐融洽的交谈气氛，也能在彼此之间架起一座沟通的桥梁，让双方的交往更深入。

寒暄是正式交谈的前奏和开场白，虽然看似简单，人人都会，但若想让它的功效发挥到极致，却不是一件容易的事。换言之，并不是所有的寒暄都能够达到你想要的效果。如果寒暄不恰当，反而会弄巧成拙。那么，什么样的寒暄才是有效的寒暄呢？我们先来看一个案例。

小韩入职不到两年，就被公司称为"最会找话题的人"。因为无论认识不认识，他总能愉快地和对方聊上一阵儿。

一次，他上班在电梯里偶遇公司经理，若是两人在电梯里站着不说话该有多尴尬呀。他脑筋一转，想起了经理办公室里的一幅字，便说："听说您办公室里的字是出自您之手？笔力强劲，一看就功底深厚，您每天这么忙，还能抽出时间练字，太值得我们学习了！"

经理从电梯走出来时，笑吟吟地对小韩说："下午帮我跑个腿儿哈！"虽然是让跑个腿儿，但大家都知道这意味着经理对小韩青眼有加。

后来，大家常常向小韩讨教怎么寒暄，他也毫无保留地总结了几个话题，比如：

1. 聊气候：这个季节出门还是有些冷的。（下雨、暖和、干燥等）
2. 聊家庭：您孩子的成绩一定不错吧！（学校、聪明、漂亮）
3. 聊事业：您以前竟然还开过书店呢！（创业史、艰难、成就）
4. 聊健康：您这身材保持得真棒！（气色、年轻、有活力）
5. 聊旅游：假期打算去哪玩儿？（求推荐、攻略）
6. 聊兴趣：哇，您喜欢马拉松啊！（书法、音乐、运动、文化）

小韩还说，其实很多事情都可以聊，关键是你要从对方身上找话题。

作为正式交谈的前奏，寒暄的"调子"定得如何，直接关系着整个谈话的进展。所以，在说话时，我们一定不能忽视寒暄的重要作用。通常，寒暄的时候要注意以下三点：

◎应有主动热情、诚实友善的态度

不管什么目的的寒暄，都应该拥有主动热情与诚实友善的态度。这二者缺一不可，只有将它们有效地结合起来，才有助于达到寒暄的目的。试想一下，倘若别人用一种冰冷的态度对你说"见到你很高兴"，你的内心会感到愉悦与开心吗？当别人用傲慢和不屑一顾的态度来夸奖你"我觉得你很了不起"，你能感受到对方的诚意吗？肯定是不能的，所以，推己及人，我们在寒暄时一定要做到主动热情、诚实友善。

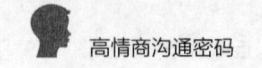

◎应适可而止，因势利导

任何事情都应把握好一个尺度，寒暄也不例外。只有恰到好处的寒暄才有益于帮助我们打开谈话的局面，才能更好地将交流进行下去。如果寒暄起来没完没了，废话连篇，丝毫不考虑对方的感受与需要，那么就容易令人生厌。聪明的人，往往善于从寒暄中找到合适的契机，因势利导，达到自己的说话目的。

◎善于选择话题

一般来讲，在寒暄时选择合适的话题有助于我们拉近与对方的心理距离。以下为大家提供几个好的寒暄话题：

◎自己闹过的有些无伤大雅的笑话

玩笑话，谁都爱听，但谁都不会放在心上。所以，适当的开下自己的玩笑，除了能够博得他人一笑之外，还能营造一种轻松愉悦的说话氛围。

◎天气

天气是人们日常生活中最为关注的话题，同时也是最适合寒暄的话题。天气变化无常，并与我们的生活密切相关，如果没有合适的话题来寒暄，我们不妨就从天气开始，将天气作为寒暄的开场白。

◎医疗保健

健康是人人都会关心、都感兴趣的话题。妙手回春的医生、健康养生的经验、延年益寿的秘方、增强体质的锻炼方法、科学减肥不反弹的话题等,这些都可以作为寒暄的话题,来吸引他人的注意力,勾起对方的兴趣。倘若你能够在他人有需求的方面提供一些有价值的信息,那将能更好地拉近彼此的距离。

◎家庭问题

家庭是最温馨的港湾,人人都想营造一个和谐友爱的家庭氛围。而孩子教育、夫妻相处、家庭理财、购物经验等,这些大多数人都感兴趣的话题,也可以作为寒暄的话题。

总之,寒暄人人都会,却未必人人都做得好。只有掌握了一定的寒暄技巧,才能够让我们的寒暄变得更有意义。

第六章

15 大方法，助你达到说话目的

批评、说服、劝解、请求……我们在说话时，总是抱着一定的目的。人人都会说话，但并非人人都能将话说得精妙，在日常生活中，许多人说起话来总是漫无边际、让人摸不着头脑，不知道他想表达什么，还自以为能说会道。语言是一门艺术，只有了解一定的说话方法，掌握正确的说话技巧，才能更快地达到说话目的。

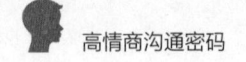

顺着对方的"杆子"往上爬

每个人都是一个独立的个体，都有自己独特的想法，因此，在说话时，难免会有一些人不同意我们所说的话。此时，我们该怎么办呢？是不假思索地反唇相讥？还是顺着对方的"杆子"往上爬？很显然，前者并不是解决问题的好办法，它只会让我们陷入僵局；而后者才能让我们减少说话的阻力，然后寻求机会——突破，让对方认同我们的想法，达到我们说话的目的。

下面这个案例中的妻子，就深谙此道。

刘大爷家有一台"古董级"的冰箱，用了快二十年了，老化现象非常严重，制冷效果也非常差，为此，他的妻子曾多次与他商量，要买一台新的冰箱，每次刘大爷都不同意。

有一天，中午正热的时候，妻子说："今天好热呀，你帮我从冰箱里拿根雪糕吧。"

刘大爷打开冰箱拿雪糕时才发现雪糕都化了，于是他对妻子说:"雪糕都化了,吃不了了。"

妻子问道:"怎么就化了呢?"

刘大爷说:"不知道是不是冰箱门没关好?"

妻子说:"门没关好的可能性不大,我看还是因为这个冰箱年头太长了,零件都老化了,主要还是制冷效果太差导致的。"

刘大爷说:"看来是真的坏了,不能用了。"

此时,妻子顺势说道:"要不我们买台新的吧。"

刘大爷犹豫地说:"可是买新的又要花一笔钱,有点心疼呀。"

妻子说:"这个钱可省不了,天这么热,把菜放进冰箱也会坏的。"

刘大爷没有再反对:"你说买就买吧。"

第二天,他们就在商场订了一台新的冰箱。

案例中,刘大爷的妻子巧妙地抓住了机会,然后顺着刘大爷的话往上爬,这才达到了自己说话的目的。其实,在现实生活中,顺着对方的"杆子"往上爬的事情非常多。

小孟自己开了一家小型的母婴专卖店,婴幼儿所需的各种物品、食品一应俱全。由于她对产品的质量把关严格,因此开店五六年,口碑一直都很好。

但是,有一天突然来了一位怒气冲冲的顾客,一来就在超市门口大喊大叫:"我在你这里买了一罐婴儿奶粉,结果里面却有

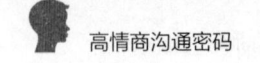

一只大苍蝇,这让孩子怎么喝?赔钱!"

小孟看了看奶粉和苍蝇,心里明白这位顾客多半是来讹钱的。于是问道:"您确定这是在我们超市购买的奶粉吗?购物凭证还有吗?"

"都买了一个月了,凭证早就没有了。你今天不赔钱,咱们就报警!"顾客态度非常强硬。

小孟趁机说:"嗯,那么听您的,咱们报警吧。一来我们也需要找到奶粉的来源,二来也可以看一下这只苍蝇死了多久了。如果不是我们超市的奶粉,或者苍蝇原本不是奶粉里的,我们可能需要做其他案件让警察处理。"

那人一听真要报警,就胆怯了。于是语气立马缓和了,说:"是不是你们超市的,你一看不就知道了?"

于是,小孟顺着那人的话拿起奶粉看了看,说:"这个品牌我们半年前就没卖了。"

"那难道是我记错了?"顾客也赶紧顺台阶下。

"可能您真的记错了,一大家人的事情都要您来操心吧,事多容易记错也是有的。"小孟继续顺杆爬。

最后,那人拿着奶粉讪讪地走了。

案例中的小孟,先是顺着顾客的语言要报警,然后又顺着顾客的话说"记错也是有的",连续使用"顺杆爬"的技巧,让问题迎刃而解。

其实，任何事情都有两面性，顺着对方的"杆子"往上爬也是如此。我们在运用这一方法时，切记不可乱用，以免给自己造成不必要的麻烦。

那么，我们在说话时，怎样才能将顺杆爬运用得更好呢？

◎第一步：认清对方的心态和心理状况

要知道，对方的心态和心理状况决定了其说话的内容和方式，因此，我们在说话的过程中要先认清对方的心态和心理状况，这样才能把握机会，更好地顺着对方的"杆子"往上爬。

◎第二步：因势利导

其实，大多数的机会都是自己创造和争取的，因此，当我们与对方谈话的时候，要适时地因势利导，引导对方慢慢地进入自己的立场和语言环境，为下一步行动打下基础。

如果我们能很好地按照上面两个步骤操作，那么就能在说话时掌握顺着对方的"杆子"往上爬的技巧，更好地达到说话的目的。

胡萝卜加大棒，先批评，后鼓励

不管是"打个巴掌给个'甜枣'吃"，抑或是"胡萝卜加大棒"，都是对犯错者进行的一种恩威并施的激励政策。先给予批评，使犯错者对自己的错误有一个直观的认识，再适当地进行鼓励，给予一定的甜头，这样说话才能更好地引导犯错者心甘情愿地接受并改正错误。

人人都会犯错，犯错后遭受别人的责备与批评时，难免会垂头丧气，甚至失去工作与生活的信心。比如，当某公司职员因工作失误而遭到老板的批评后，心中就会产生这样的想法：我以后在这家公司看来是得不到老板的重用了。抱着这样的心态，此员工必然会消极对待工作，甚至因此自暴自弃而产生离职的想法。但倘若此时，老板在批评之后，再采用一两句温馨且振奋人心的话语来鼓励这位员工，比如："我认为你是个可造之才，所以对你才格外严厉，希望以此来激励你。"当员工听到这样的话后，内心就会认为："原来老板并不是冷酷无情的，他也是恨铁不成钢。说不定我再加把劲努努力，就能获得老板的青睐，升职加薪也是蛮有可能的呢！"

在生活中，先批评，后表扬的说话技巧究竟能产生怎样的效果呢？我们再来看下面两个案例：

案例一：年底，某领导发现秘书写的年终总结报告还有几处不太妥当，需要修改。于是他对秘书说："小王，你这份总结整体写得不错，有理有据且思路清晰，重点突出非常有见地，看来你没少熬夜下功夫。但是，这中间还是有几处想法表达得不太恰当，稍稍有些言过其实了，还有的地方在一些数据上内容比较空泛不够具体，我都已经标出来了，所以还需要你重新再修改下。你的文字水平相比之前有了很大提高，写总结的能力也是越来越好，我相信这一次经过修改后，这份总结将是完美无缺的。"

不得不说，这位领导真的是将"打个巴掌给个'甜枣'吃"这一说话技巧运用到了极致，因为他在批评时就已经将"甜枣"

准备好了。首先他极大地肯定了秘书在工作中付出的努力与辛劳，并把对方的优点加以赞美，然后再委婉地提出对方的不足之处，最后再给予对方一个意味深长的鼓励，让对方在接受批评的同时又受到了表扬。这样恩威并施，不仅照顾了秘书的情绪，又巧妙地将工作作出了合理的安排。

案例二：小李平时上班一向准时，可最近几天他却接连迟到，对此，同事们颇有微词。这天，趁工作的空隙，主管将小李叫到了自己的办公室，问："小李，最近听同事们议论你这段时间上班总迟到，这种行为，可是违反了公司的考勤制度呢。"小李略带歉意地说："不好意思，最近总失眠，所以早上就有些起不来，导致上班来晚了。"

主管接着说："不以规矩不成方圆，每个公司都有着制度而规范化的管理。你这样迟到，不但影响工作，还在同事之间造成了不好的言论。希望你以后注意，不然，再发生这样的事情，我这边就只能按公司制度来处理了。"小李低着头回答："您放心，我以后一定准时到岗。"

末了，在小李临出门前，主管又说："其实，在我的印象中，你一直都是兢兢业业，对待工作认真负责的人，你做事我很放心，希望你能继续保持这股干劲，并再接再厉。"听到这番话，小李的眼里立刻有了光彩，并饱含热情地说道："谢谢主管的鼓励，我一定会继续努力，不会让您失望的！"

如果说，我们把批评比喻为"火攻"，把鼓励视为"水疗"，那么，一味地"火攻"和"水疗"都不能达到理想的效果。唯有水火并进双管齐下，才是解决问题最有效的方法。

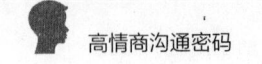

所以，批评他人时，若能在话题结束前对对方进行适当的鼓励，不仅可以让对方情绪放松，还能使之心情愉快。这种具有感情色彩的客观评价，往往能快速温热被批评者的内心，使他们心甘情愿、真心实意地接受批评。总之，批评过后采取一些"善后"措施是很有必要的，它不仅能有效地帮助对方补救错误，同时还能更好地帮助我们处理好人际关系。

所以，请记住，批评的大棒挥出后，再适时地给予对方一个甜枣，恩威并施做好善后的各项事宜，方能让人更加信服于你。

提出小要求前，先说一个大要求

生活中，你是否曾有过这样的经历：如果对方向你借5000元，那么你很可能会找理由拒绝对方，如果对方紧接着又说："我知道5000元是有些多了，1000元也可以。"此时你可能就答应了对方的要求。试想一下，假如对方从一开始就向你借1000元，那么你还会答应得这么爽快吗？答案显然是否定的。

在心理学上，我们将这种现象称之为"反进门槛效应"，也叫留面子技术。通俗而言，就是当人们在拒绝了他人的一个大要求后，通常会因为没有帮助到他人或者辜负了他人的良好愿望而感到内疚。此时，他们往往会欣然接受别人的第二个小一点的要求，以达到自己的心理平衡，并恢复自己在别人心中的良好形象。

其实，留面子技术早在1975年美国心理学家西阿弟尼的实验中就得到了印证。在实验中，人们被分为三组，实验者分别向这三组提出不同的要求。

实验者对第一组人提的要求是：给少年犯当顾问，每个星期两小时，最少做两年，而且是没有工资的。结果毫无悬念，所有的人都拒绝了这样的要求，实验者马上又提出一个小要求，要求被实验者带少年犯到动物园游玩两个小时。

实验者对第二组人提的只是一个小要求：即带少年犯到动物园游玩。

实验者对第三组人提的要求是：可以在两个要求中任选一个。

后来，实验结果显示：这三组的同意率分别为：50%、16.7%、25%。

这个实验告诉我们，当我们向别人提要求之前，如果能巧妙地利用留面子技术，首先提出一个可能会遭遇别人拒绝的大要求，然后再提出自己真正想提的小要求，就可以大大增加对方答应的几率。

其实，留面子技术在日常生活中的运用非常广泛。

比如：我们买东西时，对方都会先漫天要价，然后再和我们讨价还价，此时我们就会觉得对方做出了让步，价格也变得比较合理了，从而接受最终的报价。

再比如，妻子如果劝说丈夫每天少抽一点烟，那么丈夫一定是会无动于衷的。假如妻子一开始就要求丈夫戒烟，不许家里有烟味，那么丈夫肯定不会同意这个要求，而妻子就可以顺势提出

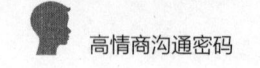

自己真正的要求，让丈夫每天少抽几根，最多 4 根，那么丈夫很可能就答应了妻子的要求，这样妻子就达到了让丈夫少抽烟的目的。

要知道，"反进门槛效应"产生的原因与我们心理反差的错觉作用是密不可分的。而我们心理的反差则是由所提要求的大小决定的，也就是说，心理反差的大小与要求之间的差距有直接关系，要求之间的差距越大，心理反差越大，给我们的错觉也就越大。

当然，我们要想很好的运用留面子技术说话，还需要注意以下两点：

◎使用留面子效应时，要学会不露痕迹

在说话时，如果我们想运用留面子技术，就一定不能让对方有所察觉，要学会在对方无意识的状态下使用。

◎要学会真诚、合理地让步

一般情况下，让步越大，产生的效应就会越大。可是如果对方发现我们做出的让步是虚假让步时，那么对方就不再信任我们了，以后不管我们提什么要求，对方都不会相信。

总之，在说话时适当地运用留面子技术，可以帮助我们更容易达到说话的目的。

维护对方的自尊心，让对方感受到被尊重和重视

自尊心是指一种由自我评价所引起的自信、自爱、自重和自尊，并希望受到别人尊重的情感体验。人人都有自尊心，且不容随意侵犯。如果我们在日常交流中，能时时刻刻站在对方的立场，替对方着想，维护对方的自尊心，那么对方就会认为自己受到了尊重和重视，就会心情舒畅地与我们继续交流；如果我们在交流时侵犯了对方的自尊心，那么对方就会产生痛苦、愤怒、反感和抵触的情绪，而这些消极情绪的产生是不利于我们与对方继续交流的。

李丽和丈夫结婚多年，相处还算融洽。但丈夫却有一个毛病，就是喜欢在人前摆架子。

有一天，李丽下班回家，看到丈夫领来了一帮不速之客，茶几上摆满了烟酒零食，整个房间乌烟瘴气。尽管李丽有些气愤，但为了照顾丈夫的颜面还是尽量和气地和大家打招呼。

在场的人也感觉有些尴尬，于是对李丽说："不好意思啊，嫂子，没跟您提前打个招呼。"还没等李丽说话，丈夫就一拍胸脯说："咱家哪有这规矩啊。去，再给大家炒几个菜！"那口气完全没有把李丽放在心上。

客人走后，李丽因此与丈夫大吵一架。而这件事也仿佛一根导火线，两人时不时地吵闹，最后不得不以离婚收场。

案例中，这位丈夫只为了自己有"面子"却完全忽略了妻子的感受，只能是自食其果。

通常，人们的自尊心主要来源于自我的价值感，而自我的价值感又来源于交流时别人对自己的肯定。因为，肯定会增加一个人的自我价值感，而否定则会威胁到一个人的自我价值感，所以，人们对否定自己的语言总是特别敏感。在交流中，我们要对对方的自我价值感起到积极的作用，维护对方的自尊心。一味地威胁对方的自我价值感，只会激起对方的自我保护欲望，引起对方的强烈拒绝和排斥。

下面案例中的小娟就是因为没有维护别人的自尊心，才失去了好朋友。

小娟的好朋友燕子，是一个性格温柔，学习成绩优异的女孩，就是比较内向。燕子的家住在农村，家庭环境不好，因此在同学面前她总是有一点自卑，但是在小娟的面前，她却能展示真实的自己，所以她们成了无话不说的好朋友。

有一天，老师通知住在城里的同学放学后留下来开会。老师通知的时候，燕子正好有事不在教室，后来，她回到教室后听到有同学在讨论开会的事情，就疑惑地问小娟："我们放学后还要开会吗？"

小娟说："你又不是城里的，不用开会。"

燕子听到小娟的回答，突然很生气地说："你还是瞧不起我们农村人，对吧？"

看到燕子发火，小娟觉得很奇怪，还以为她只是心情不好，也就没有太在意。

可是，燕子连着一个星期都没有和小娟说话，小娟也不好主动与燕子说话，渐渐地，她们便疏远了。然而，直到最后，小娟也没有弄清楚燕子究竟为什么生气。

其实，案例中的燕子之所以会生气，就是因为小娟无意间的一句话，深深地伤害了她的自尊心。人人都有自尊心，而自尊和自卑就像是一对双胞胎，当我们说话时，如果无意间触及了对方内心的自卑，就是伤害了对方的自尊心，于是，对方就很可能会因此远离我们甚至憎恨我们。所以，我们在说话时，一定要注意维护别人的自尊心。

要知道，维护对方的自尊心，才能让对方感受到尊重和重视，才能助我们达成说话的目的。一个高情商会说话的人，一定懂得在交流时用平等的态度去对待对方、忌讳对方的弱点和缺点、回避对方的自卑，更懂得只有当自己给对方尊严的时候，对方才会回报给我们同等的尊重。

请求帮助，强求不如善诱

俗话说："多一事不如少一事。"人的内心都会有怕麻烦的想法，所以会本能地排斥他人的请求。有的人会大谈自己的难处，然后委婉地拒绝；有的人连表面功夫都不会做，会非常直接生硬地拒绝。而求人的人在遭到拒绝后，性子急的可能会恐吓威胁对方，无赖的可能会死缠烂打，事实上，这样的"求人"方式都是无法达到求人目的的。在求人办事时，如果我们的态度能更温和一些，说话更委婉一些，不要直接流露出自己的意图，选择合适的时间和场合，等气氛到了，再提出自己的请求，那么，我们被

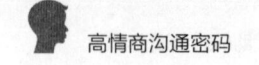

拒绝的概率就会小很多。

家明是一家艺术设计网站的主编，而他的远房表舅是一位业界著名的摄影师，网站正在策划一个关于艺术摄影的专题，家明就想向表舅约稿。但是表舅性格清高、脾气古怪，而且他的作品在业内很受追捧，家明工作的网站也不是业内最有影响力的，所以他没把握是否能约到稿。

怀着忐忑的心情，家明来到表舅家里拜访，表舅很热情的接待了他，两人拉了一会家常后，家明提到了网站最近策划的摄影专题，这时表舅却顾左右而言他，不给家明提出约稿请求的机会。于是，家明改变策略，先不谈约稿的事情，而改谈表舅感兴趣的话题。

转移了话题以后，家明和表舅聊得很开心。看到气氛变得越来越好，家明顺势提到了表舅今年获得了国际奖项的一张照片，将话题重新拉回了摄影："舅，听说您的照片又得了大奖，还刊登在了国际著名的摄影杂志上。"

一提到自己的得意之作，表舅马上来了兴致，颇为自豪地说道："是啊。"

家明接着说："您的那张作品构图太厉害了，您是怎么想到的啊！"

舅舅哈哈一笑，得意地说："为了找这个角度，我差点把腿都摔断了。"

接着，两人就摄影的话题滔滔不绝地聊了起来，气氛也变得轻松多了。后来,表舅拿出了自己最新的作品请家明欣赏,并提出可以把这几张作品发表在家明担任主编的网站上。其实,表舅早就看出家明想向他约稿,他一开始不想答应,但是和家明聊开了后他发现家明是真正懂摄影的,他也很欣赏家明,所以就顺势答应了家明的请求。

在这个案例中,家明通过聊表舅感兴趣的话题,俘获了表舅的心,进而让表舅答应了自己的约稿。如果家明在一开始就提出约稿的要求,势必会引起表舅的反感,可能后面连作品都没机会聊。从这个例子可以看出,求人办事时,要循序渐进、慢慢引导。

请求帮忙时,与其强求,不如循循善诱。那么,要怎样循循善诱呢?具体来说,可以从以下几个方面着手:

◎从对方的兴趣入手

从对方的兴趣入手,能让我们的目的更容易达到。当我们想让别人和我们一起参与到某件事中时,我们必须要挖掘出这件事情中能吸引对方的点。换言之,当我们想让别人帮忙做一件事时,就要让对方对这件事感兴趣,或者让对方从帮助我们的过程中获得一些成就感。只有这样,对方才会有做这件事的欲望。

◎挑起对方的好奇心

每个人都有好奇心,而好奇心会驱使我们做很多事。我们在请求别人时可以利用对方的好奇心,因势利导,变被动为主动。

◎用诚恳的态度请求对方

对对方提出请求，还要让对方答应，这很考验我们的说话技巧。有的人口才出众，可以轻易地说服对方，那自然可以轻易达到目的。而有的人笨嘴拙舌，说话吞吞吐吐、不干脆，就很容易让对方不耐烦。但是，诚恳的态度可以弥补说话技巧的不足，真诚的话语有时候比华丽的辞藻更能打动人。

求人说难也难，说简单也简单，关键看你怎么去做，掌握了正确的说话技巧，求人办事也能成为一件轻而易举的事情。

巧用反问，化被动为主动

有时候，动机不明的提问会让我们感到十分被动，不愿意做出直接回答。此时，我们可以用反问把"球"踢回去，重新掌握说话的主动权。这种说话技巧，可以帮助我们在生活中化解尴尬。比如，遇到亲戚打听我们的收入，如果不想回答，就可以反问："您问这个干什么？要给我介绍新工作吗？"反问是一个很好掌握的技巧，在我们平时的生活和工作中运用得也十分广泛。

比如，有顾客询问商场的导购："这款口红还有其他色号吗？你们专柜只展示了4种，其他的是不是都断货了？"因为此时导购并不知道顾客究竟想要什么颜色，如果贸然回答就会让导购的销售陷入被动，如果导购能学会反问："您需要什么颜色呢？"然后再根据顾客的需要做出回答，推荐其他颜色，就能巧妙地化被动为主动。

小高是一位业务能力一流的保险推销员，有一次，他为一位客户推荐了一套保险方案，客户却很犹豫，对他说："你给我推荐的方案很适合我，我也很满意。我过两天给你打电话，咱们再详细谈一谈。"

小高说："感谢您对我的认可，不过我想问问您为什么要过两天再找我谈呢？"这位顾客说："我想回去考虑一下，再跟我的家人商量一下。"

小高接着问："您还有哪方面的疑惑呢？"顾客解释道："我之前也买过另一家公司的理财产品，推销员说得也很好，给我各种承诺，我当时没怎么仔细考虑就同意了。后来我回去又仔细看了合同上的条款，算了一笔账，发现利息并没有他说的那么多。最后那个理财产品还让我亏了钱。"

小高说："原来是这样啊！发生这样的事实在太遗憾了。是因为那次买理财产品的经历，您才决定再仔细考虑两天的吗？"这位顾客说："是的，那次的经历让我变得更谨慎了。因为我怕做草率的决定。"

小高说："我明白了，也能体会你的感受。那么除此之外，您对这套方案还有什么别的疑虑吗？"顾客回答说："主要就是这一点，其他的倒是没有了。"

在这个案例中，通过反问，小高引导顾客说出了自己不立刻下单的原因，排除了顾客对保单不满意的可能性，小高对后期跟进也更有底了，最后，他也和这位顾客签单成功了。有的销售人员在销售的过程中总是觉得顾客的问题和异议很难应对，而小高却将这些问题和异议当成了突破口，利用反问的技巧引导顾客说

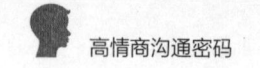

出了心里话。事实证明，这种反问的技巧是非常有效的，可以化被动为主动。

不过，要注意的是，反问的目的不是推脱和搪塞，而是以巧妙的说话技巧来化解对方提出的异议甚至刁难。面对异议和刁难，我们可以用一些问题作为引导，让对方表露真实想法。然后我们就可以根据对方的想法做出合适的应对了。

为了让大家更好地理解这一点，我们再来看一个案例。

小悦在朋友圈做代购，有一天，她收到了这样一条投诉，对方发来一张包包的照片，说："你买给我的这个包是假的！"

小悦连忙打开照片仔细看了看，发现这个包并不是她店里卖出去的，但她没有直接反驳，而是说："您好，您觉得这个包哪里不像真的呢？"

对方说："我拿去专柜对比了，这个包上的五金看起来太假了。"

小悦回复说："是的，我也这么觉得。而且这款包的正品是没有这个颜色的，您去了专柜难道不知道吗？"

对方沉默了一会儿，马上说："你承认这是假的了吗？"

小悦："是的，的确是假的。"

对方："既然卖假货就要赔偿，你把钱退给我！要不然我就要报警了！"

小悦："好的，您可以去报警，但是您有购买凭据或者付款记录吗？您怎么证明包是在我店里买的呢？"

对方一下子哑口无言，原来这个人是一个专门用假包骗取退款的惯犯。

小悦通过反问，让对方露出了破绽，最后一针见血地点出了他的死穴，不仅没有让对方骗到钱，还让他无法反驳。

从这个案例中我们可以看出，反问不仅可以把"球"踢给对方，还可以让我们从对方的回答中获得更多信息。而且，一旦对方的异议是没有依据的，他就回答不出我们的反问，就会被我们问得哑口无言。

巧用反问的说话技巧，可以巧妙化解我们的尴尬和被动，让我们掌握说话的主动权。所以，我们在日常生活中应该灵活运用反问的说话技巧，学会变被动为主动，不被对方牵着鼻子走。

晓之以理，动之以情，衡之以利

在人际交往中，我们常常需要说服别人。而说服别人时所用到的说话方法可以大致分为"晓之以理""动之以情"和"衡之以利"三种方法。下面我们分别来看看这三种方法是怎样具体操作的。

◎晓之以理

晓之以理，就是要跟对方讲道理。我们在说服别人时，可以先举几个简单的例子，再分析例子，最后阐述道理，这样做就可以很快把事情讲清楚。

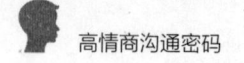

如果是比较复杂的事情，涉及到很多方面，有可能牵一发而动全身时，我们就必须全方位、多角度地进行分析，用严密的逻辑推理和全方位的心理攻势，把对方说服。

不过，需要注意的是，推理得出的结论，不应该由我们单方面来告知对方，最好以征求意见的方式，来引导对方和我们一起分析和推理，并由双方共同得出结论。这样对方就会把我们提出的主张和建议当成自己的想法。如此一来，我们就不需要多费唇舌，对方就会自然而然地被我们说服。

我们在运用晓之以理的说话技巧说服别人时，要做到主动出击，先发制人。如果对方已经明确表示了拒绝，我们再用"晓之以理"的方法去说服他，就会遇到很大的阻力。当然，我们在先发制人时也要注意不要盛气凌人、态度蛮横，而应该用商量、询问等委婉的方式去进行说服。否则，非但不能说服对方，还有可能会让对方产生逆反心理。

◎动之以情

有时候光有"晓之以理"是不够的，还要结合"动之以情"，才能成功地说服对方。因为，在很多情况下，说服别人其实是用情感打动别人。所以我们要善用"动之以情"的说话技巧，用真情打动对方，达到我们的说服目的。

一般来说，当两个人意见相左，产生矛盾时，他们的情绪也是对立的。当我们与对方产生情绪上的对立时，理智就会被情感所蒙蔽，此时，靠讲道理是无法说服对方的。因为一旦情感占了上风，就算是很理智地考虑问题，再严密的推理，再完整的逻辑，也无济于事。此时，我们最应该做的就是"动之以情"，用情感来触动对方，让对方接纳、理解我们，从而被我们说服。

下面这个案例就很好的说明了这一点。

吴厂长的制衣工厂因为经营问题导致资金链断裂，发不出工资，于是工人们集体罢工抗议。吴厂长为了挽救工厂，费尽千辛万苦拉来了一笔大订单，如果做成这笔订单，工厂就能起死回生，工人们的工资也能全部发放。可是工人们却表示，什么时候发工资就什么时候复工。

僵持不下时，吴厂长把所有工人都召集了起来，真诚地给大家道了歉，并说道："厂里遇到了困难，大家依然不离不弃，我非常感谢大家。现在工厂遇到了困难，没有钱给大家发工资，是我对不起大家。我们大家都在这个工厂干了十几年，对它很有感情，都不希望工厂破产。目前只有这笔订单能够挽救我们厂，做成了，工厂就能活过来，大家的工资也就有了着落。我希望大家能共同努力，保住工厂！"

工人们听了吴厂长的一番话，认识到这确实是眼下唯一的解决之道，第二天就复了工。在大家的齐心协力下，工人们圆满地完成了订单任务，工厂因此渡过了难关，工人们也拿到了工资。

在这个案例中，吴厂长动之以情地说服了集体罢工的工人们，唤起了他们对工厂多年的感情，让他们自愿复工帮助工厂渡过难关。由此我们可以看出，情感是双方沟通的桥梁，想要说

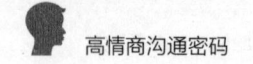

服对方，就必须跨越这道桥梁，用情感攻破对方的心理壁垒。所以，我们在说服别人时，一定要学会"以情动人"，用情感引起共鸣，达到说服对方的目的。

◎衡之以利

"衡之以利"就是为对方分析利弊，说明厉害。对于以利益为重的人来说，"晓之以理"很难说服他们，"动之以情"也难以打动他们，我们只有向他们讲明利弊得失，才能有效地达到说服他们的目的。因为，以利益为重的人都懂得"趋利避害"，只有弄明白了利害关系，他们才会接受我们的说服。

不过，并不是每个人都是利字当头的。还有一些人是重情义的，他们并不过分地追求利益，但是我们也应当主动地为他们的利益考虑。而且，当我们考虑了对方的利益，明白了对方的需求后，在说服对方时才可以真正做到有的放矢。

总之，我们在说服对方时应该做到真诚、公正、为对方切身利益考虑，灵活运用"晓之以理、动之以情、衡之以利"这三大技巧。

拒绝急躁，用耐心去打动对方的心

俗话说："心急吃不了热豆腐。"这句话告诉我们，浮躁的心态是不可取的，而耐心才是做成事情的关键。这个道理同样也适用于说话，在说话时，只有用耐心，才能打动对方。

在心理学上，耐心是衡量我们意志品质的一个重要指标，它与人的主动性、自制力和心理承受能力相关。过分心急和浮躁都是缺乏耐心的表现。

许多人在说话时，总是希望对方听了自己的观念以后，马上就表示赞同，如果对方始终不能被自己说服，双方僵持不下时，有的人就会犯浮躁的毛病。

对方能够很快被我们说服，这当然是最理想的状态，但是这样的情况在实际生活中却不多见。因为每个人的观点想法和行为习惯都不是短期形成的，要改变别人的看法，需要我们付出相当的耐心。很多时候，我们甚至会遇到这样的情况，对方也许当时被我们说服了，同意了我们的看法，可是过了一段时间后，他们又不认同我们的看法了。面对这种情况，我们更应该要有耐心，千万不要急躁地指责和批评对方。

在说话时，耐心能让我们有更多时间思考，尤其是在对方很急躁时，耐心能让我们找到突破口，达到说话的目的。

有的人性格急躁、脸皮薄，受不了别人的拒绝，在说话时，只要一感觉到受阻，就会感到羞辱和气恼，急躁得听不进对方的解释，要么拂袖而去，不再与对方沟通，要么很强势地压服对方，与对方发生激烈的争执。这样的人看起来很有"骨气"，但实际上是缺乏耐心。急躁的性格让他们没有一步步达到目标的耐心，很容易半途放弃。

我们在说话时，一定要避免急躁，就算一时碰了钉子也不要气恼，要沉下心来继续用我们的耐心说服去打动对方。哪怕只有一点点可能，我们也要尽最大努力去争取，给对方充足的时间去

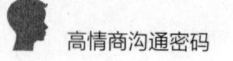

理解我们的意图，掌控说话的节奏，掌握谈话的主动权，不达目的决不罢休。

学会服软，当说软话时就说软话

在生活中，我们常常会遇到一些搞不定的事，此时，掌握服软的说话技巧就显得尤为重要。我们先来看下面这个案例：

张强大学毕业后进了一家广告公司，工作了一段时间后，总监为了考验张强的工作能力，就让他独立做一个策划。很快，张强便做好了方案拿给总监看，不料，总监却摇摇头说："可以再完善一下。"张强拿着自己做的方案，左看右看，却不知道从何改起。

这时，经验丰富的王经理走过来问道："是不是方案没通过啊？用不用我帮你改改？"张强因为心里着急就不耐烦地说："算了吧，不用！"

后来，张强的方案反复改了几次都没有通过，于是，他想起了王经理。他找到王经理，可王经理一看是他，就冷淡地说："张大能人，您找我有何贵干啊？"张强心想，自己之前说错了话，而现在有求于人，应该先服个软，说两句软话。

于是他笑着说："王经理，您是我们公司的老前辈，做策划方案最有经验了，您能不能帮我看看我的这份方案啊，帮我指点一下迷津。"王经理听了这话，哼了一声，说："不敢当！你可是名牌大学毕业的，像我们这种学历的怎么能指点你呀！"

张强听了心里很不是滋味，可一想到有求于人，只要继续说软话："王经理，咱们这行实践经验可比学历重要多了，我初出茅庐什么都不懂，你就大人不计小人过，帮帮我吧！"说完还深深地向王经理鞠了一躬，王经理看到张强的态度如此诚恳，就用心指点了张强。

张强的故事告诉我们，学会服软和适时地说软话更容易获得别人的帮助。正所谓人外有人，天外有天，这个世界上，我们搞不定的问题多的是，比我们厉害的人也大有人在。当我们遇到难题，需要向别人求助时，就应该学会说软话。当然，我们在服软和说软话时，也一定要注意把握尺度，否则，说软话很容易就会变成谄媚。

具体来说，当我们在说软话时，应该注意以下几点：

图 6-1　说软话时要注意的三点

◎分清场合

我们在说软话时一定要分清场合，不同的场合下，同样的一句话会带来截然不同的效果。

例如，当一项工作我们确实能力不够、无法胜任，需要其他人的帮助，而帮助我们的人又恰好能力很强、学历比我们低时，我们一般会说："您的能力强、资历深，工作方面我有很多地方要请教您，希望您能指导指导我。"其实，这句话本身并没有没有任何问题，但是如果不是在工作场合说，而是在娱乐或宴会的场合，就会让对方认为我们是在挖苦他。

◎摆正心态

说软话并不是降低自己的身份，所以我们要摆正自己的心态，不要认为自己说软话就是低人一等。

很多年轻人都会犯摆不正心态的错误，刚刚大学毕业的他们进入职场后，一心想大展宏图，往往看不起那些学历不如自己、工作能力却很强的人，不屑向这些人请教，认为跟这些人说软话就是降低了自己的身份。

其实，我们大可不必这样想，因为人外有人、天外有天，适时地说软话也是一种说话的技巧，能让我们受益匪浅。

◎注重口吻

同样的话用不同的口吻说出来，会产生不同的意思。每个人对于其他人的态度和口吻都十分敏感，所以，我们说软话时一定要注意用合适的口吻。比如，当我们需要向一个职位比我们低的人请求帮助时，我们会说："你可以帮帮我吗？"如果我们说这句话的口吻是冷冰冰的，对方就会觉得我们是在命令他，而不是在请求他的帮助。

不论是在生活中，还是在职场上，我们都要学会服软，当说软话时就说软话。而且，当我们在说软话时还要注意以上三大原则，切莫因为小小的疏忽而错失良机！

站在对方的立场想问题，赢得对方信任

我们常说"忠言逆耳"，"忠言"之所以会逆耳就是因为我们没有站在对方的立场上说话。只有设身处地站在对方的角度看问题，我们所说的话，对方才会听着舒服、顺耳，我们才能赢得对方的信任，达到说话的目的。

下面的这个案例就很能说明问题：

会议已经开到 11 点 50 分了，餐厅 12 点开饭，而此刻许总来到了现场。

主持人兴高采烈地说："哇，今天许总亲临我们的会场，机会难得，请许总给我们讲几句，好不好？"

此刻大家都纷纷鼓掌，尽管大家也是真心欢迎，觉得许总难得一见，也很愿意听领导讲几句，但毕竟午饭临近，多少有点担心领导讲得太久耽误午饭时间。

许总也是个沟通高手，他早就意识到这个讲话须得在 5 分钟内搞定。所以，他的第一句话就是："我早就想和大家多聊一聊，多沟通沟通了。所以，我可是有一肚子的话想要跟大家说。但是现在已经快中午了，物质食粮和精神食粮同样重要，我不能耽误大家吃饭，多余的话我就不说了，五分钟结束会议，让大家吃上

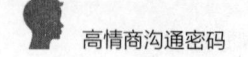

热乎饭,好不好?"

会上,许总提了一个要求,就是让在场的各部门经理做一份详细的季度总结和一份可行的改进计划。

虽然许总只是简短说了几句,但那一次的总结和计划大家做得格外详细。每个人都说,跟着这样的领导做事,心里暖暖的,没有理由不认真。

所以,案例里的许总才叫沟通高手,因为他真正站在了对方的立场上。所以,任何时候,你一定要学会共情,站在对方的角度去沟通,才能起到好的效果。

在现实生活中,我们每个人所处的位置、所扮演的角色都不一样,所以对事物的看法也不一样。我们在跟对方说话时,要站在对方的立场想问题,为对方着想,体谅对方的处境和困难,对对方多一些理解和关心。只有这样,对方才会用同样的态度和方式对待我们,我们和对方的关系才会变得更融洽,我们说话的目的才会更容易达到。

再来看一个案例:

某专门生产精密仪器的 A 工厂在生产一批新仪器时,把产品的部分零件委托给另一家 B 工厂制造,B 工厂将零件的一小部分样品生产好后交给 A 工厂验收,验收结果却不合格。由于零件交付日期迫在眉睫,A 工厂只能要求 B 工厂尽快重做。但是 B 工厂负责人却认为他们是完全按照 A 厂要求的规格制造的,拒绝重新制作。

A工厂的总经理得知情况后，找到B工厂负责人说："验收不合格可能是我们这边的图纸出了问题，还让你受了损失，实在对不起。幸好是交给你们做，才发现了这么大的问题。但是，这批仪器对我们厂很重要，要完成生产任务必须要有你们的配合，我们共同把这项任务完成，对我们双方都是有利的。"B工厂的厂长听了这番话后，欣然答应重做这部分零件。

我们常说"理解万岁"，事实上，在日常生活中，每个人都需要他人的理解，都希望对方能站在自己的立场上为自己考虑。如果我们能站在对方的立场上思考和说话，对方一定会十分通情达理。

所以，我们在说话时，想要达到自己的说话目的或者说服别人，就要考虑到对方的观点或行为是出于何种理由，也就是说要站在对方的立场上想问题，这样才能获得对方的信任。

当我们设身处地地为对方着想，站在对方的立场上说话时，对方就会感觉到自己被重视、被认可，我们也自然而然地会获得对方的青睐。

事实上，"站在对方的立场上想问题"这句话难就难在"发自内心"，只有发自内心为对方着想的时候，我们才能时刻都站在对方角度看问题。所有会说话、情商高的人都能够做到这一点，但他们也不是一开始就能做得这么好，而是在与人说话时不断地积累经验和教训，最后才能达到这样的程度。同样的，只要我们每次在说话时，都愿意站在他人的角度看问题，我们也一样可以赢得他人的信任，成为一个受别人欢迎的人。

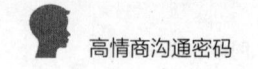

坦诚的话语，最能打动人

有时候，说话的态度比说话的内容还要更重要，坦诚的态度，才能打动人心。

与人说话时，如果我们的态度够坦诚、语言够得体，就能赢得对方的信任，即便我们没有口若悬河、长篇大论，也一样能达到说话的目的。坦诚的话语能让我们获得他人的信赖，建立起良好的人际关系。

当我们遇到困难时，只要我们把自己的请求坦诚地告诉对方，并真诚地请求帮助，对方一定会设法帮助我们。在帮助我们的同时，对方也能获得助人为乐的满足感。

其实，当我们试着说服别人或者请求别人时，不必绞尽脑汁地去想各种手段和说辞，只要坦诚地讲明利害关系就行了。因为，在说服他人时，坦诚的态度才是最关键的，坦诚相待，才是赢得他人好感的关键。

有的人认为，太过坦诚会暴露自己的缺点，让自己处于劣势，而适当地"不坦诚"会更有利于自己达到目的。事实却恰恰相反，坦诚反而会让我们真正地获得对方的认可，因为只有坦诚的话语，才能打动人心。

小刘是一家珠宝公司的钻石销售员。这家珠宝公司的规模在全国是数一数二的，在很多城市都开设了分公司，并设有专柜。小刘的销售业绩在公司一直都名列前茅，每年都获得公司颁发的"最佳业绩奖"，还曾夺得过"销售总冠军"的荣誉。小刘是怎么做到的呢?

他说:"我最大的秘诀就是——坦诚。"我们印象中的销售人员个个都舌灿莲花,把产品夸得天上有地下无,但是小刘却反其道而行之。

当客人到店时,其他的同事首先都会夸赞公司的钻石饰品是多么精美,价格又是多么公道。但小刘却不这样推销,他说:"这个钻戒上的钻非常大,有2克拉,镶嵌和切割都非常好看,要不是净度稍微差一点,它的价格绝对会卖得更高。"

小刘还教客人对比钻石的净度,为他们讲解钻石鉴赏知识和钻石切割工艺。一番交流下来,客人也对小刘产生了信任,很快就买下了几样钻石饰品。

小刘的成功告诉我们,坦诚的话语虽然会暴露一些不足,但却能赢得更多信任。只有用坦诚的态度与人交流,对方才会发自内心地认可我们。

人生在世,总免不了要有求于人,在向别人提出请求时,我们不需要为了迎合对方而刻意隐瞒自己的想法。我们可以用委婉的语气,把自己的真实想法坦诚地说出来,让对方感受到我们的诚意,如果对方能帮我们,那么他自然会接受我们的请求。

总之,要想达到我们说话的目的,就要懂得如何坦诚地表达,只有坦诚的话语,才能打动对方,当对方感受到我们的诚意时,自然就会向我们敞开心扉。具体来说,当我们在坦诚说话时,应该做到以下几点:

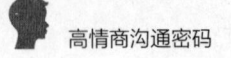

◎ 切忌不懂装懂

子曰："知之为知之，不知为不知，是知也。"这句话也告诉了我们，不要不懂装懂，不懂装懂不仅不能隐藏我们的无知，反而会暴露我们的肤浅。遇到不懂的事就坦率地说出来，并真诚地请教对方，这是一种很高级的修养。坦诚的说话比不懂装懂更能表现出我们的诚恳和大气，让对方更加信赖我们。

◎ 切忌拐弯抹角

很多人在说话时，尤其在求人时喜欢兜圈子，喜欢铺垫一大段后再表露自己的真实意思。与其拐弯抹角，还不如开门见山、直奔主题。拐弯抹角地说话会让人质疑我们的人品，怀疑我们的诚意。当我们开门见山地表达时，才会让对方觉得我们诚恳踏实、有担当。

◎ 适当示弱，更容易达到目的

我们需要向别人提出请求，就代表我们有不足之处。所以，我们在请求别人时，适当地暴露自己的不足，才是诚恳的表现。适当的示弱能让对方感受到我们谦虚求教的态度。但是，在暴露自己弱点时，一定要把握好度，因为过度的示弱会让对方看轻我们，进而怀疑我们的能力。

总而言之，我们说话、求人时一定要态度诚恳。有时候，诚恳比技巧更能打动人心。

找到理想的"突破口",让对方乐于替你"分忧解难"

几乎所有的人,在日常生活中都会碰到难事,都有需要找人"分忧解难"的时候。在求人办事时,我们一定要用恰当的沟通方式,找到理想的"突破口",只有这样才能迅速打开局面,让对方从情感上接受我们,从而更乐于帮我们"分忧解难"。

比如,正如有句话说的那样:要讨母亲的欢心,莫过于赞扬她的孩子。许多会说话的高手都善于将孩子当作求人办事过程中的沟通媒介,让一桩看似希望渺茫的事情,经过孩子的起承转合,变成可能。在这个过程中,孩子就是一个理想的"突破口"。这是因为,孩子从心理接近难易程度上来说是属于比较容易接近的,当我们和对方谈论孩子的时候,对方一般不会反感或拒绝。

总之,求人办事的重点就是要善于寻找"突破口"。如果我们直接向对方提出自己的要求,会让对方觉得太生硬而无法接受。如果我们能找到对方的"软肋",就可以轻松地打破对方的心理防御,为以后办事做好铺垫。

每个人都有自己的喜好或是心理弱点,这些都是理想的"突破口"。我们只有找到了对方心理的突破口,才能让对方感受到我们的诚意,然后建立共同的话题,缓和气氛,使对方在轻松愉悦的氛围中接受我们的请求。

那么,在说话时,怎样才能又快又好地找到理想的"突破口"呢?下面给出几点建议:

◎要礼貌客气

就算不是有求于人，礼貌、客气也应该是交流中最基本的要求，更何况是有求于人呢？所以，我们在有求于人时要更懂礼貌、更客气，只有这样对方才可能会考虑我们的所求之事。如果我们在求人时连最基本的礼貌都没有，那么对方即使有能力，也不会帮我们"分忧解难"。

老张想把儿子的户口从老家迁到他现在居住的城市，但是不知道具体的程序以及需要哪些手续。他想起同事小贾的爱人就是派出所的户籍民警，如果能帮忙问一问，他回老家就可以一次性把所需手续办齐，免得来回折腾。

第二天一早，老张看到小贾就说："小贾，来，过来一下。你今天下班回家问问你爱人，给孩子办户口需要什么手续，明天告诉我，务必详细啊！"

小贾应了一声。但第二天却没有告诉老张任何信息。下班时，老张忍不住问小贾："小贾，昨天问你爱人了吗？"

小贾说："不好意思啊，昨天忘了。"

"今天想着问啊，我这还着急呢。"老张继续不客气地说。

又过了两天，小贾还是没有回话。老张忍不住和同事抱怨小贾年纪轻轻就摆臭架子，同事却对老张说："你求人家办事也稍微客气一点嘛，人家又不欠你的。"

老张觉得同事的话有道理，下班后专门找到小贾说："还得麻烦你，记得问一问你爱人给孩子办户口的事，辛苦一下啊……"

结果，第二天一上班小贾就给老张拿出来一张手续清单。

◎ **懂得营造气氛**

在求人办事时，如果想让对方痛痛快快地答应，还得懂得营造气氛。只有在友好亲密的氛围中，对方才会被我们的情感所同化，才能爽快地替我们"分忧解难"。

比如，有一个人想把孩子转到另外一所更好的学校，可由于各种原因，这件事总落实不下来。当他知道有一个同事与办这件事的人是很好的朋友时，就想让同事给自己帮忙。可是他与这位同事的关系一般，怕贸然开口会遭到同事的拒绝，但如果不开口，孩子上学的问题就永远解决不了。

于是，他开始有意识地接近这位同事，他发现同事喜欢下棋，就经常和同事一起切磋棋艺。有一天，两人下棋的氛围十分好，他便向同事说起孩子上学的事情，没想到同事爽快地答应了，后来，事情很快就办妥了。

◎ **不可意气用事**

我们在求人办事的时候，要充分考虑一切的可能性，有些事，我们认为一定成的，对方不一定能办成；有些事，我们认为不一定成的，对方也许能办成。所以，当对方表示自己爱莫能助的时候，我们不能强人所难，更不可意气用事指责对方的不是。

小唐加班到晚上七点才下班，但路上自行车却突然爆了胎。好在距此几百米的地方有个修自行车的小铺面，于是小唐推着自行车艰难地走了过去。

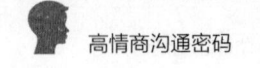

小唐远远看见，修自行车的老大爷已经在收拾东西，准备回家了。于是，他赶紧跑过去说："您能不能先帮我把车胎换了再下班？"

老大爷看了一眼小唐，没说话，拿起手机摆弄了起来。小唐有点着急，说："行不行啊，你倒是说个话啊！"老大爷还是继续皱着眉摆弄着手机，这时小唐急了，说："不给修拉倒，大不了我推回去，不就五公里路嘛，修个自行车还爱答不理的。"

小唐正要走的时候，老大爷说："嘿嘿，年轻人，我本来想给你修一修的，刚才急着想要给家里打个电话说一声，但是我眼花一时间找不到号码。结果你就急了，说了这一大堆难听话。你这么有志气，那就推着自行车回家吧。"

说完老大爷锁上了修车铺的门，剩下小唐怔怔地杵在原地。

求人办事，哪怕是再好的朋友也不应该强人所难，意气用事，毕竟我们是有求于人。要知道，只有用商量的语气，心平气和地与对方交流，才能让对方更乐于替我们分忧。一味地强人所难，意气用事，只会让自己吃亏。

总之，求人帮忙时，要想让对方更爽快地答应我们，就要掌握一定的说话技巧，找到理想的突破口！

永远别说"你错了"

"你错了"应该是说话破坏力最强的三个字。试想一下，在生活中，当你做了某件事情，不仅没有得到别人的夸赞，反而被别人直白地批评说："你错了！"此时，你会是什么心情呢？答案很显然，"你错了"这三个字，一定会犹如千斤重担让你的心情糟糕到了极点。所以，"你错了"三个字，具有巨大的杀伤力，在平时说话时，一定要杜绝！

大多数人在遇到问题时往往都会武断、固执、嫉妒、猜忌、恐惧和傲慢，不肯轻易承认自己的错误。虽然犯错是难免的，但很多时候我们即使心知肚明，知道自己错了，也会去强调一些客观原因，为自己开脱和辩解。而这也是人们内心深处不肯认输的心理在作祟，所以，基于这种心理，当我们对一个人说"你错了"这句话时，必然会撞在他固执的南墙上。

要明白，"你错了"三个字，说出来容易，可一旦说出口就代表我们在跟犯错者傲慢不逊的自尊心作对，且过分强调了自己好为人师的优越心理，这样的心态岂能不令人反感？所以，当对方确实说错了话、做错了事的时候，与其当面指责他说"你错了"，还不如处世圆滑一些，从事情最有利的局面出发，先尊重对方的意见，然后再旁敲侧击地进行一些提示，帮助对方认识到自己的错误。

具体来说，当发现别人犯错或说错话后，我们可以这样做：

◎ **不要试图证明对方错了**

不管我们用什么方式说"你错了"，其结果都是一样的，对方都不会因为你指出了他的错误就对你感激涕零。相反，他绝对不会有好脸色给你。因为，你指出他的错误与不足，就已经否定了他的智慧、判断力、创造力和自尊心，只会激发起他的逆反心

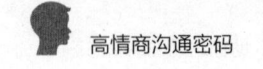

理，让他抱有据理力争的态度。不管你用什么方法证明对方错了，这无疑都是对对方的一种挑战，不仅改变不了对方的偏见，甚至还有可能伤及你们之间的感情。

◎委婉地让他人意识到自己错了

即使对方真的错了，错得很离谱，你必须让他承认错误并加以改正，也应该避免用"你错了"这种太直接的语言来指责对方。毕竟，想要轻易改变他人的观点与意见并不是一件很容易的事。

此时，我们不妨运用一些技巧，不动声色地使对方在一种毫不知情的情况下察觉到自己的错误，并以此来提醒对方。

比如，有一位画家，为了参加一个比赛花了三天时间创作了一幅作品，他认真构图、修改和着色，极其用心。

这位画家自认为此作品已经到了出神入化的地步了，于是十分得意地拿给妻子欣赏。但妻子一眼便看出，丈夫的作品不仅主题不够鲜明外，色彩也用错了。但这位妻子是个聪明人，她并没有像一般人那样说："你看看你，这画的什么乱七八糟的呀，就像小孩子的涂鸦。"而是采用了一种另类的方式说："如果这幅作品是用于我们自己欣赏的话，那还是不错的。"虽然这位妻子没有明确指出丈夫的画作不适合参加比赛。但丈夫却从中听懂了其中的含义，于是他立即舍弃了那幅作品，并决定重新创作。

从这个案例中我们可以看出，在纠正他人的错误时，我们不妨说话委婉一些，让他人能主动意识到自己的错误，这才是有效帮助他人改正错误的最佳方法。总之，要想与他人进行和谐的沟通与交流，我们就应当牢牢记住一句话："学会尊重别人的意见，永远别直接地说你错了"。

用提醒代替批评，让人主动认错

在日常的生活中，人人都不可避免地会犯错。面对别人的错误，要想做到在提出批评后让别人主动认错，绝非易事。想象一下，当你在工作中犯错后，上司二话不说把你叫过去就是劈头盖脸一顿训斥，然后还毫不留情地贬低你，希望你立马改正。你会有怎样的心情呢？是愤恨不平呢？还是会迅速静下心来反思自己的错误并改正呢？相信大多数人的第一反应，都是前者。

我们必须承认，人的逆反心理并不只存在于青春期，可以说任何年龄段的人内心都会有逆反心理的存在。尤其是当人们在面对直接的批评时，内心的自我保护意识就会明显增强，并诱发出逆反心理的产生。于是，我们便无法静下心来，去仔细思考和认识自己的错误，反而会埋怨批评者不讲情面。

基于这样一种特殊的心理活动，我们在批评他人之前就应该多思考，并结合这种心理特点去优化自己的批评方式，化直接批评为委婉提醒。

事实上，批评他人也是一门艺术，其最终的目的就在于如何让对方诚恳而虚心地接受批评。在批评他人时，如果我们直接指出对方的错误，发泄内心的不满与愤怒，那么很显然，我们的批评将达不到目的，只会让问题变得越来越复杂，甚至，还会让犯错者怀抱一种消极的态度敷衍了事地去对待之后的工作与生活。此时，如果我们能变换一种方式，用提醒代替批评，就能起到意

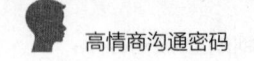

想不到的效果，让犯错的人自行发现并改正错误。

举个例子，当你直接对一个程序员提出批评，说："你设计的游戏软件有 bug（漏洞）。"通常他的反应不外乎有两种：第一，质疑你在游戏过程中的操作有问题；第二，他会认为你自己不会正确使用。也就是说，面对直接的批评，大部分人都会在心里自然而然地认为：那是你的问题，而不是我的。

但是，若我们能换个角度用一种委婉的方式去提醒他，比如："你这个游戏软件在使用的过程中好像会产生冲突，你帮我看看，是不是我的使用方法错了？"这种情况下，程序员的第一反应就会是："是不是有 bug 呢？"此时，他就会主动去检查运行的实际情况。

你看，用提醒代替直接的批评，就能让程序员主动认识到自己的错误。这样的结果，岂不是皆大欢喜？

当然，如果你的批评是以达到某种目的，例如，表现领导或长辈的权威，发泄内心的不满与愤怒，以打击别人来获取内心的快乐等，那就另当别论了，因为用提醒代替批评的方法显然就不合适。

要知道，批评只是让犯错者清楚认识到自己的错误，而想办法让人改正错误才是我们的终极目的。比如，当你看到下属在工作中稍稍有些放松时，如果你立即呵斥："上班还摸鱼，不想干了吗？"此时，对方的内心活动一定是这样的："明知故问，我上班当然是在干活啊！"

假如我们试着转换一种方式，用提醒代替批评，比如："最近工作压力大,你们不妨适当放松休息一下!"这样反向的批评,不仅可以有效避免激发起对方的逆反心理,同时又间接地提醒了对方。当下属听到这样的话语时,就会很自然地想:"哎呀,可不能再放松下去了,不然工作进度就跟不上了!"

通过这样一种提醒的方式,委婉地表达我们的批评,就能够间接引导犯错者去思考和反省自己的错误,并加以改正。

直接批评在某些时候会给人营造出一种故意刁难的感觉。假如我们在一开始就怒气冲冲、盛气凌人地批评他人,那么在这种冲动易怒的情绪下,对方又怎么能够心平气和地接受我们的批评并承认错误呢?所以,批评他人之前,我们不妨先抛弃掉自己的坏脾气,运用自己的智慧,以一种行之有效的提醒方式去引导他人,避免直接批评带来的过激反应和不良后果。

把批评的话语说得含蓄与婉转一些,这样的方式更容易让人接受。很多时候,我们只需要换个方式,用提醒代替批评,关切地问一句,就能够主动地让对方按自己的意愿去付诸行动,同时还可以有效地避免尴尬与不满。两全其美,何乐而不为呢?

巧妙转移话题,堵住对方的嘴

胡小姐是科室办公室里唯一的女生,她不仅性格活泼,人也非常聪明,和办公室的同事们相处愉快。但有位陈姓同事总喜欢和她聊一些男女的话题。经多次旁敲侧击的提醒,但收效甚微。

于是,当那个男同事再次提起这类话题时,胡小姐便会立刻打断他："哎，老陈，别总想着闲聊，你刚刚做好的资料保存了没有哦，我们这可是会经常突然断电的呢？"

"老陈，那个项目的进度你跟进了没有啊？经理可是催得很急的。"

"对了，老陈，我要的那份计划表你做好了没，我这边可就差你的了……"

这样不停地转移话题，几次下来之后，老陈也明显感觉到了胡小姐想要表达的意思，于是慢慢地便改掉了这个坏习惯。

在日常的交往中，我们经常会遇到胡小姐这样的情况。此时，如果我们不想接别人提起的话题，且又不好意思拒绝对方，最好的办法就是像胡小姐一样，通过巧妙地转移话题去堵住对方的嘴。虽然，这样的方式看起来似乎给人一种不礼貌的感觉，但你也不必放在心上，毕竟是对方无礼在先。

岔开话题，实际上是一种很好的拒绝方法。有个女孩就使用这种方法巧妙地拒绝了男孩的示爱：

男孩和女孩在同一家公司工作。每天朝夕相处地接触，男孩逐渐对女孩产生了爱慕之情，而女孩也很明显地感受到了对方的爱意，可是这个男孩却并不是女孩喜欢的类型。

男孩爱慕女孩，想要获得自己的爱情，于是便鼓足勇气对女孩说："我想问问你，你对我……"听到男孩的提问，内心通透的女孩立刻就打断了男孩："我对你之前借给我的那些书，很喜欢。"

男孩以为女孩没有明白，又接着说："嗯，其实我是想问你……"话未说完，女孩又打断对方："我知道你是想问上次考试的成绩吧，其实你考得比我好多啦。"男孩急了，紧接着说："哦，那你有没有……"女孩又打断了男孩的话，抢着回答："有哇！我决定以后就向你看齐，把你当作我学习的榜样呢！"

直到此时，男孩才明白过来，原来这是女孩在故意拒绝自己呢。于是，他只好放下内心的爱慕之情，转而和女孩讨论起了学习。虽然，男孩的心里隐隐觉得有些惋惜，但同时他也感到庆幸。庆幸自己没有将心意说出来，给彼此造成难堪。

上面的案例告诉我们，转移话题并堵住对方的嘴，让对方有话说不出口的这种策略，是帮助我们避免直接拒绝对方导致尴尬状况发生的一种最有效的方式。

当我们在采用转移话题的说话技巧时，机智聪明的人从我们的行为中，就能清楚地感受到拒绝的意图。对于那些不能马上明白或者不死心再三挣扎的，我们也不必挑破，可以采取不停打断他的话、继续自己话题的方式去分散对方的注意力，这样三五次下来，对方自然就明白我们的态度了。

当然，在运用转移话题的说话技巧时，我们也需要注意以下几个方面的问题：

◎一定要摸准对方的心理

所谓"未闻全言而尽知其意"，如果在对方开口时，我们就清楚对方所要表达的意思，那我们就可以使用此种方法。反之，对他人的想法不了解时，就不要轻易去打断别人的谈话，以免给

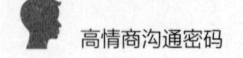

自己造成尴尬。

◎要顺题立意

在运用转移话题的说话技巧来拒绝对方时，我们应尽可能地顺着对方的话题来明确表达自己的观点。即使中途需要转换话题，也应在对对方的观点给予认可和赞赏的同时，再运用"不过、但是"等一些转折词来作为过渡，这样才能避免双方产生误解。

◎要注意措辞方式

措辞是否恰当得体往往会直接影响我们说话的效果。如果措辞得体，不仅有利于谈话内容的继续，也能让对方顺利接受；但措辞不当，则会很容易引起对方的反感，让谈话随时中断。因此，我们在转移话题时，一定要注意措辞方式，最好是选择中性感情色彩的措辞。

◎要做到真诚和善

人与人之间的沟通交流，贵在真诚和友善。打断他人的谈话来拒绝对方时，千万不要表现得自以为是和心高气傲，以免引起对方的愤怒和反感。

综上所述，我们在打断他人说话时，一定要讲究时机和技巧。也只有运用一些恰当而巧妙的技巧，并在合适的时机把话插入到"正题"中去，才能更好地帮助我们不伤和气地拒绝他人。

第七章

最困扰人的 17 个难题，尴尬时刻怎么救场？

在日常生活或某些社交场合，常常会出现意想不到的难题和困境，造成尴尬或冷场，让当事人无法下台。面对这些客观存在的难题和尴尬，我们既不能回避惧怕，又不能视而不见听而不闻，而应该巧妙地借助语言的魔力，随机应变。破解生活难题，应对尴尬时刻，需要用心，用计，用智慧，更要会说、能说、巧说！

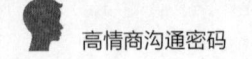

终极难题：朋友借钱，到底怎么办？

"你手头方便吗？我想找你借点钱应急。""我买房子首付还差2万，你那里能不能先借给我周转几个月。""我一冲动，就刷卡买了个苹果手机，钱都用来还信用卡了，这个月你能不能先借点钱给我，我下个月发工资了就还给你。"

上面这些借钱的理由，想来大家都很熟悉。在生活中遭遇朋友借钱，应该算是一个终极难题。莎士比亚在《哈姆雷特》中写道："不要向别人借钱，向别人借钱将使你丢弃节俭的习惯。更不要借钱给别人，你不仅可能失去本金，也可能失去朋友。"也就是说，朋友之间，最忌讳的就是借钱。

朋友向我们借钱后，按时归还还好说，就怕借了不还，闹到最后连朋友都做不成。借钱的时候很是潇洒，可收回的时候就痛苦了，早知道会这么痛苦，当初朋友来借钱的时候为什么不拒绝呢？而拒绝是需要技巧的，那么，我们应该怎样拒绝才能既不伤害彼此之间的友谊，又能达到自己的目的呢？

我们先来看一个案例，相信答案就在其中。

刘刚和妻子几年前由于公司效益不好，双双失业在家，随后向银行贷款开了一家小超市，夫妻两人起早贪黑、勤勤恳恳把超市打理得红红火火，收入也日渐高涨，生活也过得有滋有味。

刘刚有一个老同学叫郑强，整日游手好闲，也不好好上班。有一天，郑超来到刘刚的超市，发现生意还不错：心想前几天打牌输了不少，正好没有翻本的钱，看老同学过得挺滋润的，要不先找他周转周转？

于是，郑强就对刘刚说："我准备买一辆摩托车，可手里的钱不够，想找你借5000块钱周转一段时间，很快就会还给你。"刘刚知道郑强整日游手好闲，还喜欢打牌，如果把钱借给他，肯定是有去无回了，何况超市的运营也需要钱。

刘刚就对郑强说："嗯，等再过一段时间吧，最近我要还银行贷款，你知道的，银行的钱我可不敢不还。"听刘刚这样说，郑强也就知道借钱没戏了。

上面案例中的刘刚就为我们做了很好的示范。很多时候，当我们采用委婉的语言婉转、含蓄地拒绝朋友的借钱要求时，朋友就会更容易接受。

除了直接提出借钱的要求外，生活中，还有一些借钱的朋友，因为种种原因，不好意思直接开口，而总是喜欢投石问路，采用暗示的方式借钱。这种情况下，我们最好的回绝方式也应该是暗示。具体的做法，不妨参考下面的案例。

陈昊大学毕业后留在城里定居了下来，有一次家里来了两个远房的亲戚，陈昊请他们在家里吃饭，席间，两位亲戚一直向陈昊诉说打工的艰辛，抱怨城里物价贵，房子都快租不起了，言外之意是想向陈昊借点钱。

陈昊明白两位亲戚的暗示后，就说道："是啊，城里的消费确实很高，房子也是寸土寸金。就说我吧，工资就摆在那里，还要每月按时向银行还贷，否则连住的地方都没有了，小小的两间房，想多一间都没有，一家四口都住不开，没办法，这两天儿子每天晚上都只能睡在沙发上。本来你们过来是想留你们好好住几天的，可现在，唉，我也无能为力啊！"两位亲戚听陈昊这样说，吃完饭后就知趣地告辞了。

案例中，陈昊向亲戚诉说儿子没有房间睡，只能睡在沙发上就是向亲戚暗示自己的经济也不宽裕，并委婉地表示自己帮不上忙。

对大多数人来说，拒绝朋友借钱的请求是一件既尴尬又为难的事，尴尬的是怕拒绝说出口时气氛尴尬，为难的是不知道该怎样开口拒绝，以及怎样向朋友讲明自己的难处，让对方知难而退。

其实，当朋友向我们借钱的时候，我们可以用一些借口来推脱朋友的要求，或者说以后再借给他。比如："哎呀，你早一个星期开口就好了，上个星期我刚刚把钱借给表姐了，现在手里也没有多少存款了""你也知道，我在家做不了主，钱都在我老婆那里，我回去跟她商量商量再给你回话。"当我们这样说的时候，知趣的朋友往往就能明白我们的意思了。

而对于不拘小节的人,我们也可以用幽默的话来表达自己的意思。比如:"找我借钱?我还正准备找你借呢,看来我是注定借不到钱了。"或者说"最近我发现我的脸挺干净的,后来才知道我的钱包比脸还干净。"

不过,需要注意的是,不管我们用什么方式拒绝朋友借钱的要求,都一定不要伤害朋友的自尊心。有时候,那些因为钱与我们"生分"了的朋友,其实并不是因为我们拒绝了他,而是因为我们拒绝他的语言和方式伤害了他的自尊心。虽然我们不能避免拒绝,但是我们可以用委婉、暗示、幽默等方式最大限度地避免对朋友自尊心的伤害。

面试时,工资怎么谈?

许多人认为,在面试时谈工资是一个敏感的话题。怕自己说高了,失去就业的机会;怕自己说低了,工资与期望不符,而且还会让 HR 觉得自己不自信。因此,许多人都会有这样的想法:想和 HR 谈工资,但是又不知道怎么谈,如果不谈工资,又怕最终定下的工资无法达到自己的预期。

事实上,绝大多数大公司都拥有比较健全的薪酬制度,既然在面试中 HR 已经和你谈到了工资的问题,就说明公司已经认可了你的工作能力,此时,你应该大胆地提出自己的要求。当然,在提出要求的时候,也要注意一定的说话技巧。具体应该怎么说呢?我们不妨来看一下下面这个案例。

深圳一家网络公司招聘市场策划一名,前来应聘的人非常多，经过几轮筛选后，有 5 名应聘者进入了最后的面试阶段。此时公司的 HR 分别问几位面试者："你希望的薪金是多少？"许多应聘者都直接报出了自己理想的薪酬金额，只有小唐没有直接用数据来回答。

小唐是这样回答的："相信贵公司都有自己的薪酬体系，而我希望得到一个比较合理的薪酬待遇。从学历上来说，我是研究生毕业，高于贵公司本科学历的要求；从专业上来说，我是市场营销专业，与公司的要求十分对口；从能力上来说，我大学期间一直担任学生会干部，有非常强的组织和领导能力。如果我可以加入贵公司，一定会给公司带来不错的效应，而我希望能得到对等的回报。"

HR 听完小唐的话后，笑着说："这是自然，如果你是我们需要的人才，那么待遇方面可以根据你的能力适当地提高。"

当 HR 问我们薪酬的时候，其实就已经有意于我们，因此我们在回答薪酬问题的时候要小心谨慎，以免前功尽弃。案例中小唐的回答就很好地回避了敏感问题，把薪金问题转移到了个人能力、专业、学历的问题上，并让 HR 认为他值得拥有高薪金。

从这个案例中我们可以看出，在面试时谈工资，其实是有一定技巧的。具体来说，可以这样做：

◎先了解对方可以提供的薪酬幅度

这里的关键之处就在于，我们一定要善于发问，在发问中，让对方多讲解自己需要了解的信息。比如，当 HR 问我们："你还有什么想问的吗？"我们就可以这样问："像你们这样的大公司都会有自己的薪酬系统吧,请问可以为我简单讲解一下吗?"

一般情况下,HR 会简单介绍几句,如果你想知道得更详细,还可以问:"不知道贵公司在同行业中薪酬水平是怎样的?除了工资以外,还有其他的奖金和福利吗?通过试用期后,工资的涨幅是怎样的?"我们可以从 HR 的回答中得到自己想要的信息,然后对照市场行情心里就有数了。

◎根据原有的薪酬幅度,提出自己的期望薪酬

如果我们依旧不能准确地把握自己理想的薪酬,也可以把这个问题抛给 HR,比如,我们可以这样问:"我想请教您一个问题,以我的学历、经验以及您在面试中对我的了解,我的薪酬在贵公司目前的薪酬体系中大概能达到怎样的水平?"此时,对方就会向你透露你的工资水平。

假如我们不满意目前公司准备开出的薪金,就可以根据原有的薪酬幅度来提出自己期望的薪酬。我们可以在面试时尝试用探讨、协商的方式为自己争取。比如:"其实,我一直认为工作开心是最重要的,薪酬是次要的,不过我在上一家公司的薪酬是 10 000 元,这次跳槽我希望自己能有所进步,如果可以的话,我希望在工资方面提高一些。"

然后,我们要注意 HR 的口气是否有松动的可能,如果有,则可以举出我们要求高薪酬的理由,如果没有,就可以婉转地争取缩短试用期。比如说:"我对自己的能力还是很有信心的,您看可不可以直接拿转正的工资,或者是把试用期缩短为 1 个月?"

要知道,谈工资的关键就在于我们是否充分展示了自己的实力,如果我们用语言让公司认可了我们的实力,那么一般情况下,工资要求只要不是高得太离谱,都会成功的。总而言之,工资的多少是靠自己争取的,我们除了在面试前多了解面试的职位外,还要掌握一些说话的技巧,这样我们在面试时才不会因为谈工资而失去就业机会。

如何富有人情味地下逐客令?

子曰:"有朋自远方来,不亦乐乎?"尽管,朋友的来访可以令我们心情愉悦,但是,我们不见得每时每刻都有心情来接待朋友。现代社会中,每个人的生活节奏都很快,下班回家后只想轻松地看看电视、打打游戏,或者美美地睡上一觉。如果此时偏偏有人来拜访,我们就不得不打起精神来应付,陪他聊我们不感兴趣的话题,即便心中厌烦,想下逐客令,也不知道怎么开口。

阿强就经常为这件事头疼。每天,当他拖着疲惫的身体下班后,想好好休息时,隔壁的邻居小王,就会雷打不动地来他家聊天。

这一天,阿强还没进家门多久,小王就来敲门了。他一进门就开始唠叨:"今天真倒霉,下班的时候又堵车了,堵在路上一个小时。本来还想早点回家的。"

"哦,是吗?那确实堵得挺厉害。"累了一天的阿强连晚饭都没吃,却不得不打起精神应付小王。

"你知道今天早上我们小区门口出车祸了吗?"小王丝毫没有看出阿强的勉强,依然兴致勃勃。

"哦，我不知道。"阿强实在没精神聊天。

"一辆大货车刹车失灵，把一辆小汽车给撞了，小汽车的车主就住咱们小区，听说受了重伤，都住进重症监护室了……"针对这起车祸，小王滔滔不绝地说了半个小时，阿强却已经受不了了。

"小王，我还没吃饭呢，我现在要去做饭了。"阿强打断小王的话，想借做饭委婉地下逐客令。因为。一般人听到对方这么说就会告辞离开了

可小王他不是一般人，他说："我也没吃呢，没关系，你先做，等会我们一起吃。"小王留在阿强家里吃完了晚饭还不肯走，依然拉着阿强聊天。此时的阿强已经困倦不堪，他真希望小王能赶快离开，却不好意思开口赶他走。

生活中，我们每个人都遇到过和阿强一样的难题。休息时间被不速之客打扰，却不知道怎样下逐客令，对方对我们的暗示视而不见，我们又不能明着赶走对方。

遇到这种情况，就需要考验我们的说话技巧了！怎样才能用高超的说话技巧让对方领会我们的真实意图？怎样下逐客令才能既富有人情味，又不伤害对方的自尊呢？要解决这些问题，我们需要掌握以下四种技巧：

◎旁敲侧击提醒对方

为了不伤双方和气，我们最好不要把话说明，应该采取旁敲侧击的方式，委婉地告诉对方他打扰到了我们，我们不希望他在

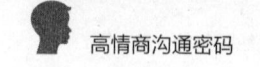

这个时间拜访我们。

如,"我今天实在太累了,整个人头昏脑涨,一坐下就想睡觉,要是我等会睡着了,你不要介意哟!"这样说,我们表面上是在向对方表达歉意,但实际上却是在告诉对方:你已经打扰我休息了!

◎过分热情吓跑对方

过分的热情会让人感觉吃不消。我们可以利用这一点,让不受欢迎的客人"知难而退"。平时很熟悉的常客拜访时,我们可以拿出最高的规格来招待他,切水果、倒茶、嘘寒问暖、无微不至,我们接待得越热情,客人就会越不自在。因为他是常客,知道平时我们是不会这样对待他的,只有对待稀客才会有这样的热情和接待规格。于是,我们过分热情的接待便暗示了我们的客气和疏远,能让对方知道我们不是很欢迎他,从而达到委婉的逐客目的。

◎转移客人的注意力

有些客人喜欢找人聊天,其实大多数时候,他们是感觉到无聊,才找我们打发时间。如果我们能找到一些有意思的事来转移对方的注意力,引起他的兴趣,分散他的精力,那他就没有空闲时间来打扰我们了。

学会委婉地下逐客令,也是一个非常重要的说话技巧。如果我们能很好地掌握它,就可以轻松应对占用我们休息时间的"不速之客",既能"赶走"对方,又不伤对方自尊,还自己一份自在。

如何巧妙地表达不同意见？

当一个人想要表达自己的不同意见时，总是希望能得到对方的认可，可如果我们在沟通的过程中没有掌握一定的技巧，就不会得到我们预期的效果。

在日常交流中，我们总会有与对方意见不同的时候。可如果我们在表达自己不同意见的时候没有使用正确的方法，就会使彼此陷入尴尬的境地。可以说，巧妙地表达出自己不同的意见，既是一门艺术，也是我们必须要学习的说话技能。

下面案例中的女工程师在表达自己不同意见时就做得很好。

有一次，公司的总经理在会议上因为项目问题而大发雷霆，参加会议的主管们看到领导发脾气，都不敢说话。

此时，公司的一位女工程师却站了起来，她对总经理说："我非常清楚您生气的原因，对这个项目，我以前也有过类似的感受。后来，我发现这个项目的经过是这样的……"

等这位女工程师说完了以后，总经理的态度明显缓和了许多，他先沉默了一会，然后对主管们说："既然是这样的，你们就按照她的意见去做吧。"主管们看着这位女工程师，纷纷露出了敬佩之意。

这位女工程师懂得巧妙地表达出自己的不同意见，并引导对方认同自己的意见。其实，在交流中如何表达出自己不同的意见是有讲究、有技巧的，以下几种方法可供大家参考：

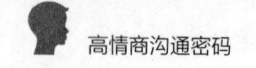

◎和对方说话时用商量的口吻

我们在坚持自己意见的时候,也要顾及对方的面子,如果我们用商量的口吻与对方交谈,那么,对方就算没有立刻同意我们的意见,也会认真思考我们的意见。因为你尊重别人的同时,别人也会尊重你。

◎和对方说话时用辩证的方式

和对方说话时,我们可以先肯定对方的意见,然后再说出自己不同的意见,在表达自己意见的同时,还要说清楚原因。这样,即使对方仍然否定了我们的意见,也不至于让说话的气氛过于尴尬、难堪。

◎借用对方的意见引出自己不同的意见

我们可以从对方的意见中找到不足之处,然后引出自己的看法。不过,前提条件是这些不足之处一定是实事求是的,而不是随意捏造的。

◎借助同类事情支撑自己的意见

当我们想表达自己不同意见的时候,其实,我们可以借助一些曾经发生过的、类似的事情来支撑我们的意见,也就是用事实说话,这样比直接表达更容易让对方接受。

◎适当地表现出为难的样子

如果在交流中,我们与对方的意见分歧很大,那么我们可以在表达自己的意见之前,适当地表现出犹豫、迟疑、为难的样子，这样对方可能会让你说出自己的意见，因为表现出为难的样子，其实也是一种退让的表现。

怎样跳出"两难"问题的圈套？

有一个问题相信大家都听过：

女朋友问男朋友："假如有一天，我和你妈妈同时掉到河里了，你会先救谁？前提是每次只能救一个。"这个问题大家都不陌生吧，可以说不管我们怎样回答，都很难让对方满意。

第一种答案："我先救你。"女朋友听了心里开心极了，可事后也会想：你连你自己的妈妈都不救，我以后还能指望你吗？说不定以后也会抛弃我的。

第二种答案："我先救我妈。"女朋友听了很是生气，说："你就跟你妈去过吧，反正我迟早要淹死的。"于是转身离开。

瞧，这就是典型的两难问题。其实，对于两难问题来说，不管我们怎样回答，都可能会给自己带来麻烦。因为问这种问题的人是别有用心的，他们希望通过答案能听出我们的话外之音，所以，我们在面对两难问题时，一定要特别用心。

如果想要跳出"两难"问题的圈套，不妨试试以下几种方法：

◎假装糊涂

其实，在两难问题中隐藏着某种错误的假定问语，这种假定问语在心理学上被称为"沉锚效应"，因此，无论我们的答案是

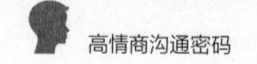

否定的还是肯定的,都会落入提问者的圈套。在回答这类问题时,我们不如假装糊涂。

有一次,华盛顿的马被邻居偷走了。报警后,华盛顿和警察在邻居家的农场里找到了他的马,可是邻居一口咬定马是自己的,不是华盛顿的,怎么也不肯归还。

这时,华盛顿用手捂住了马的双眼,问邻居:"你说马是你的,那你说说它哪只眼睛是瞎的?"邻居回答道:"是右眼。"华盛顿把遮住右眼的手拿开,马的右眼好好的呢。邻居狡辩道:"我刚才说错了,是左眼。"华盛顿把遮住左眼的手也拿开了,马的左眼也明亮得很。邻居又为自己辩解说:"哎呀,我又错了。"

此时,警察义正辞严地说:"够了,这匹马根本就不是你的!华盛顿,把你的马牵回去吧。"

为什么邻居回答了问题依旧被识破?这是因为华盛顿利用了两难问题中的"沉锚效应",让对方在心理上先认定马的眼睛确实是有问题的,所以,对方只会不停地猜是哪只眼睛是瞎的,而不会想到马根本没有瞎。

因此,如果想要跳出"两难"问题的圈套,最好是假装不明白对方的意思,或是不回答。

◎ 回避正题

当我们在面对"两难"问题时,可以采用回避正题的方式来解决,通过模糊回答,巧妙地避开问题中带有确指性的内容。这种方式可以使自己既不掉入对方的"圈套",又不会让对方觉得你是在拒绝他。

◎ 自嘲圆场

有时候，我们也可以用自嘲圆场的方式来解决两难问题。比如：

有一位老大爷，特别爱下棋，可是又爱面子。有一次，他与另外一个大爷对弈，结果连输了三场。有人问他："今天胜败如何？"

他回答："第一场他没输；第二场我没赢；第三场本来是和局的，但是他又不同意。"

这样听来，好像他一场都没有输，第一场对方没输，也不等于他输了，因为还有和局；第二场，他没赢，但是也不代表输了，因为还有和局；第三场本就是和局，只是对方没同意而已。

◎ 迂回战术

如果提出两难问题的人是一些不能得罪的人，那么我们就不要急着正面回答，而是要采用迂回战术，避免和对方产生正面冲突，以免得罪对方。

◎ 相似问题反击

当我们面对两难问题时，也不一定要绞尽脑汁去想该怎样回答，而是可以用相似的问题来反击对方，也就是我们通常所说的"以其人之道反治其人之身"，让对方也尝尝两难之间抉择的痛苦。

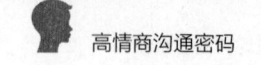

◎ 巧用对比

当我们觉得两难问题怎么回答都不妥的时候，还可以巧妙地用对比的方法来跳出问题的"圈套"。不过在选择对比的事物上，最好是选择人们比较熟悉的，如果所选的事物同时还能包含自己的观点和态度那就更完美了。

总之，掌握了一定的说话技巧，再难的"两难"问题也可以得到完美解决！

失言后，如何摆脱尴尬？

我们在交流时，总会有触及对方忌讳、令自己尴尬的时候。尤其是在大庭广众之下，如果失言，或多或少会给自己带来一些负面的影响，让自己陷入尴尬的境地。因此，我们在失言后，要想办法把话说圆，摆脱尴尬。那么，失言后，怎样才能摆脱尴尬呢？这就需要我们拥有超强的心理素质和高超的说话技巧。

失言后，为了能够及时补救自己的失误，摆脱尴尬，可以参考下面的纠错与伪装方法。

◎ 就地取材

如果我们在特定的环境下，做错事或是说错话，不妨顺着特定的话题就地取材，利用当时环境中一切可以利用的事物，尽可能地挽救自己的失误，然后往好的方面来解释。

比如，在湖北某些地方，有这样一个风俗习惯：如果家里来了贵客，一定要煮鸡蛋给对方吃，以示尊敬。有一天，远方的舅舅来家里做客，正巧外甥女也在家，她主动要求为舅舅煮鸡蛋。谁知，外甥女把鸡蛋端上桌后，舅舅却迟迟不肯吃，妈妈觉得很奇怪，一看，才发现舅舅碗里的鸡蛋是6个，这可是当地人的大忌，6个鸡蛋谐音"禄断"。

妈妈生气地对女儿说："你知道6个鸡蛋谐音是什么吗？"

女儿一下子就明白了，可是鸡蛋已经端给舅舅了，该怎么办呢？只一会，女儿便从容不迫地说："我不认为是那样的，在我看来，鸡蛋不仅圆圆的，而且里面都是满满的红心白肉，6个鸡蛋正好说明舅舅圆圆满满地度过了60个春夏秋冬，这是多有福气的事呀，加上数字6，那就是有福有禄。"

说完，又从自己碗里挑了一个鸡蛋给舅舅，接着说："来，这个加在一起就是7个鸡蛋了，我预祝舅舅健康、稳妥地进入70岁，等舅舅70大寿的时候，我再给舅舅煮蛋，祝舅舅长寿安康！"

等外孙女说完，舅舅早已眉开眼笑，尴尬的氛围瞬间解除了。

◎转移目标岔开话题

如果我们只是在一些细枝末节上出现了失言和失误，那么不妨转移目标岔开话题，这样既可以转移对方的注意力，又可以为自己圆场，不至于太尴尬；如果对方对我们的失言有所察觉，而问题又不是特别严重时，向对方稍作解释即可；如果失言后引起的问题比较严重，对方明显表示不愉快时，我们就要立刻着手解决，否则，拖得越久越难化解。

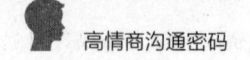

◎借题发挥

假如我们在失言后，出现了很难挽救的情况，那么可以采用借题发挥的方法来摆脱尴尬。这一方法的用意是刻意凸显错误，借机做文章，然后为自己找到合理的解释。借题发挥的方法妙在"借"，难在"发挥"，因为到底要借什么样的题，怎样去发挥才是最重要的，只要题借得好、发挥得好，尴尬就很容易摆脱。

有一个应届毕业生去某合资公司应聘，一位 HR 递给大学生一张名片，由于紧张，大学生只是匆匆一瞥，便说道："藤野拓先生，您好，作为日本人您千里迢迢来到中国创业，这种精神令人敬佩。"那位 HR 笑着说："我是地道的中国人，姓腾，名野拓。"

大学生顿时面红耳赤，尴尬无比。连忙说："对不起，腾先生，看到您的名字后我第一反应是想到了鲁迅先生的日本老师——藤野先生。藤野先生教给鲁迅先生的道理让他终身受益，今天，我在这里也学到了非常重要的一课——凡事要认真，希望腾先生以后能多多教导！"最后，大学生如愿以偿地被录取了。

在面试时失言，是多么严重的问题，可这位大学生却凭借着自己的聪明才智，借错误的名字，巧妙地引出了鲁迅先生的老师藤野先生，这样不仅检讨了自己的错误，还消除了尴尬，甚至暗示对方自己愿意为公司服务，真是一语三得。

◎将错就错

当我们失言后，不便于及时纠正时，不妨将错就错，利用错误大做文章，把对方引入一下个话题，使自己摆脱尴尬。

例如：有一个老同学到王刚家聊天，他们两人聊得非常开心，不知不觉聊到了吃晚饭的时间。这时，王刚五岁的儿子跑过来对着他咬耳朵，聊得正开心的王刚被儿子突然打断了，有些不耐烦，就对儿子说："没看到大人说事吗？真不懂事，有什么话快说。"

儿子听到王刚的训斥后，只好大声说道："妈妈说家里没菜，不要留客人吃饭。"儿子说完后，王刚和老同学都愣住了，这么尴尬，该怎么办呢？

王刚突然灵光一闪，在儿子的小脑袋上轻轻地敲了一下，说："小笨蛋，爸爸不是跟你说过吗，只有那个喜欢打牌、吹牛的舅舅来的时候，你才出来说这句话呀，今天搞错了吧。"

以上就是失言后摆脱尴尬的妙方，你学会了吗？

别人挑衅，要怎样回击？

"一人难称百人心，岂能都尽如人意"，我们不可能得到所有人的认同，总有人会不赞同我们的意见和看法。如果有人在大庭广众之下，挑衅我们，并出言不逊使我们难堪，此时，我们应该怎样做呢？是据理力争？是暴跳如雷？还是沉默不语？或许，英国现实主义剧作家萧伯纳的故事可以给我们一些启示。

萧伯纳历时一年半，终于在1892年完成了剧本《巴巴拉少校》的创作。这一天，该剧在英国国家剧院进行第一次公演，到

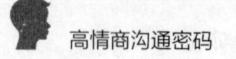

场的都是社会各界名流。

《巴巴拉少校》是一部以救世军为题材的喜剧，它反映了当时贫富不均、劳资冲突等各种尖锐的社会问题，在整个演出的过程中，观众掌声和欢呼声不断，许多观众甚至还笑出了眼泪，首演大获成功。

闭幕后，应观众的要求，萧伯纳上台接受大家的感谢和祝贺，市长代表观众给萧伯纳献了鲜花，许多观众都上台与萧伯纳拥抱，并祝贺演出成功。突然，有一个观众上台对萧伯纳挑衅地说："你也不要高兴得太早了，这个剧本真是糟糕透了，谁会愿意看？真是让我大倒胃口，拜托不要演第二场了……"

面对突如其来的挑衅，所有人都大吃一惊，也为萧伯纳捏着一把汗，以为萧伯纳会生气地反击，可是，萧伯纳愣了一下后就微笑地对那个人说："朋友，你好！没想到我们的想法竟不谋而合，我对这个剧本的看法和你是一样的，可是，只有我们两个人反对又有什么用呢？"萧伯纳指着所有的观众说："你瞧，他们都不同意我们的看法呢！"

"这……你……"那个人竟一时无话反击，只好红着脸灰溜溜地离开了。

现场的观众都被萧伯纳机智的回击所折服，台下响起了更热烈的掌声。

从萧伯纳的故事中，我们可以得到这样的启示：当我们遇到别人不怀好意的挑衅时，最好保持平常心态，然后举重若轻地巧妙回击。

在现实生活中，我们常常会遭遇别人有意无意的奚落、挖苦、讥讽或责难等，而这一切，都会令我们感觉到人格受辱、内心刺痛、浑身不自在。当碰到这种令人不悦的挑衅后，我们的处理方式往往有两种：一是消极地抵御，要么因为羞愧而无言以对，要么采取夸张的方式进行反击；二是积极地应对，努力控制自己的情绪，保持头脑的冷静，以平稳的心态、急中生智的幽默、随机应变的思维，巧妙地回击。

当我们采取第一种消极应对措施时，往往会助长挑衅者的气焰，让他们认为我们软弱可欺，从而得寸进尺，变本加厉地伤害我们。并且，当我们因为这种伤害而爆发时，挑衅者不仅不会意识到自己的问题，反而还会责备我们太过敏，缺乏幽默感。

而当我们采取第二种积极的应对措施时，就可以巧妙地运用语言的艺术和说话的技巧，从实际出发，视情况选择对策，有力地回击挑衅者，保护自己，使尴尬烟消云散，并赢得对方的尊重。

显然，第二种积极的应对措施更胜一筹。

小敏大学毕业后进入一家公司，她对工作很满意，因此积极认真，很得领导的赏识。但是唯一让她心情不好的是，公司有一位老员工总是对她横挑鼻子竖挑眼，小敏最初抱着"多一事不如少一事"的态度，都笑笑过去了。但那人不但没有收敛，反而变本加厉。于是，小敏开始了自己的正面反击。

刚一走进办公室，那人就说：小敏，这粉底颜色不行啊，是不是买的便宜货呀！

小敏立刻回怼说：是啊，每天对着你，涂那么贵的不适合您

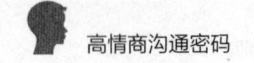

的身价啊!

小敏打印文件时,打印机卡纸,那人便说:这么简单的事儿都做不好,还是我来教你吧。

小敏就说:那倒不用,昨天还见领导批评了你半天,说明你比我也好不到哪去。

见到领导表扬小敏,那人就酸唧唧地说:哎呀,看人家小敏,这么讨领导喜欢,马上就要升职喽!

小敏就毫不客气地说:可是您这么讨好领导,领导怎么就不喜欢您呢?

几次交锋之后,那人终于在小敏面前闭了嘴。

在日常交流中,总有人喜欢故意挑起事端,使我们陷入尴尬的境地,这样的人绝不是无意的,而是故意而为之。所以,与其憎恨,不如拿起幽默的武器进行反击。

初次见面聊天太尴尬了,怎么破解?

生活中,我们几乎每天都会接触到陌生人,与陌生人交谈。在许多人看来,与初次见面的人聊天是一件尴尬的事情,往往不知道如何开口。事实上,只要掌握了一定的说话技巧,即便是初次见面,也能交谈自如。

当我们与对方初次见面时,第一件事就是要寻找话题。只有把话题选好了,才能化解尴尬,交谈自如。一般来说,一个话题至少应该有一方熟悉才能谈；如果双方都感兴趣才爱谈；如果有展开交流的机会才好谈。

那么，面对初次见面的人，我们究竟应该怎样说话，才能化解尴尬呢？下面几招，或许可以帮助到你。

◎交流时，多提及对方熟悉的事物

一般情况下，熟悉的事物能唤起人们心中的怀旧情绪和温馨感，因此，当我们与初次见面的人聊天时，应该根据对方的背景，多提及对方熟悉的事物，这样才能唤起对方的怀旧情绪，让对方对我们产生好感。反之，如果我们谈论的话题对方不熟悉，只会让对方失去与我们交流的欲望。

◎记住对方说过的话

在与对方交流时，一定要记住对方说过的话，以便日后拿出来做话题，这也是对对方表示关注的做法之一。特别是当对方谈论到自己的兴趣爱好和梦想时，一定要记住对方的话，因为对对方来说，这些都是最重要、最有趣的事。

◎用投石问路的方法交流

过河时，可以丢几块小石头用来探知河水的深浅，这样才能更有把握地过河。同样的道理，当我们初次与人交流时，最好先用一些试探性的问题去询问对方，并通过对方的回答去了解对方。这样做，可以让我们与对方的交流更顺畅。

比如，在聚餐时，我们可以这样问领座的人："你和宴请方是老同学还是同事呀？"不管对方选择哪个答案，我们都可以顺

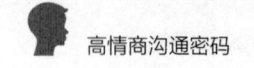

着对方的话交流下去。

◎多提一些"无法用一个词回答的问题"

我们在与人交谈时，最好向对方多提一些"无法用一个词回答的问题"，也就是回答起来比较自由开放的问题。例如，我们可以问对方："你最近都在忙什么呢？"而不是问："你是做哪一行的？"相比较起来，前一个问题回答的范围会比较广泛，可以让对方透露更多的信息，而后一个问题往往一个词就搞定了。

◎学会"追加问题"

在交谈时，假如我们真的问了"用一个词就可以回答的问题"，那么我们最好在这个基础上再追加与其相关的问题，更好地引导对方交流。比如我们问了："你是做哪一行的？"那么此时当对方回答后，我们就可以向对方追问："这个行业这一年情况怎么样，听说还挺挣钱的？"等。

◎询问"旨在了解对方"的问题

当我们在与初次见面的人聊天时，可以多询问一些"旨在了解对方的问题"。比如"你平时喜欢关注哪些微信公众号？""你喜欢什么类型的电影？""下班后你最喜欢做什么？"等。要知道，这一类型的问题可以激发对方隐藏的激情，引出更多的话题，不至于冷场。

◎巧妙地即兴引入

在初次见面聊天时，我们可以巧妙地借用对方的背景资料作为话题，比如籍贯、年龄和职业等。把这些资料即兴引入到交谈中，激起对方说话的欲望，以此达到交流的目的。

◎**善于借用媒介**

当我们与初次见面的人真的无话可谈时，还可以利用自己和对方之间的某个媒介物来引出话题，这样就可以迅速地找到彼此之间的共同语言，打破尴尬，继续交流。比如，当你看到对方手中的某一件东西时，我们可以这样说："咦，这不是……这么难买的东西，你是怎么买到的，看来我要向你好好请教。"

◎**适时真诚地赞美对方**

每个人都希望得到他人的赞美和肯定，因此，我们在与人初次交谈时，可以试着把握机会适时地赞美对方，这样就可以迅速地拉近彼此之间的距离，使交流更顺畅。不过要切记，赞美一定要发自内心，一定要真诚，而不能是虚假的、浮夸的。

总而言之，只要掌握了一定的说话技巧并找好了话题，即便是与人初次见面，我们也可以顺利打开对方的话匣子，破解尴尬局面。

时间紧、对方不听劝，如何为自己赢得表达时间？

在生活中，我们经常会遇到这样的情况：对方正在气头上，不给我们解释的机会；销售员要向顾客推荐产品，顾客却没有时间听；我们有好点子要向领导汇报，领导的时间却有限。在这样时间有限或者对方不听劝的情况下，我们要怎样才能为自己赢得时间和机会，让对方愿意听我们说话呢？

"长话短说"的方法可行吗？既然时间有限，我们就一股脑地把自己要说的话全倒出来，对方听到多少就是另外一回事了。所以，如果我们要达到说话的目的，"长话短说"的方法肯定是不行的。因为说话的目的是沟通，而沟通是相互的。我们一个人说，对方却压根没有听或者没有理解我们的意思，那我们所说的就是废话，还会给对方留下急躁不稳重的印象。

在说话时，我们要懂得为自己赢得时间，让对方愿意认真倾听我们所说的话。当然，赢得时间也是有技巧的，当对方没有时间或者不愿意给我们时间说话时，我们可以先别忙着考虑说话的内容，而是要先思考：怎样让对方愿意听我们说话？换句话说，就是要先为自己争取时间，只有对方同意给我们时间后，我们才有机会说出要说的话。

下面为大家提供一种赢得说话时间的实用方法：

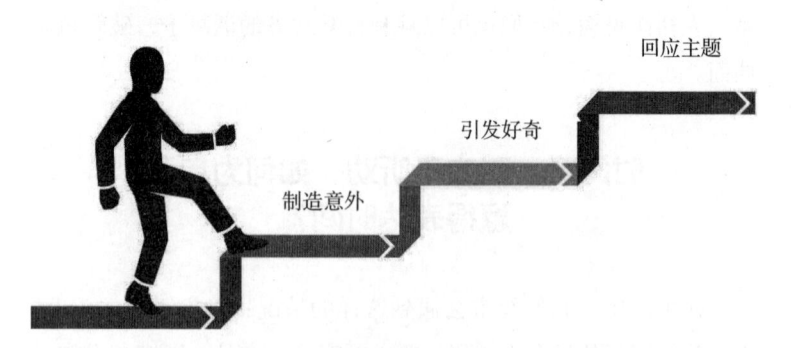

图 7-1 说话时为自己赢得时间的三个步骤

◎第一步：制造意外

制造意外，打断对方，能为我们赢得片刻的时间。比如，在交谈中，我们可以这样说："请您给我一分钟的时间！""关于这件事，请您务必要了解一下。"

◎第二步：引发好奇

制造意外以后，第二步我们可以用反问的方式来挑起对方的好奇心。比如，"您不想知道这件事的详情吗？"

◎第三步：回应主题

制造了意外并引发了对方的好奇后，我们要做的第三步就是进入正题，说出我们想要表达的内容。此时，因为对方的注意力已经被我们吸引了，所以我们说话的内容就很容易被对方接收到。

下面让我们来看看这三个步骤在具体情境中是怎样应用的。

小王到一家公司面试，考官让他在一分钟以内展现一下自己的个人魅力。一分钟的时间实在太短了，能展示出什么魅力呢？连唱首歌、讲个笑话都不够。

我们可以看出，考官出这样的题，是为了考验小王赢得时间的能力。小王要想办法在有限的时间内创造条件来展示自己的魅力。而只有赢得了时间才能充分地展现自己的个性和特点。

小王想了想，不慌不忙地说："用一分钟展示自己时间太短，而且我在工作中也不是一个具有突出魅力的人，平时的存在感也不强。但是周围的朋友都很喜欢和我相处,觉得我做事踏实靠谱,跟我在一起觉得很安心。我也不知道这是为什么?也许这也是一种魅力吧!关于这点,我可以跟您分享几个亲身经历吗?"

在这个案例中,面试者小王就很好地运用了上面讲到的赢得说话时间的技巧:

第一步:制造意外,小王不按常理出牌,他不仅没有通过才艺和演讲来展示魅力,而且告诉面试官他是个没有魅力的人。

第二步:引发好奇。在制造了意外后,小王给了考官一个反问"我也不知道这是为什么?也许这也是一种魅力吧!"让面试官产生了好奇心。

第三步:回应主题。在挑起了面试官的兴趣和好奇心后,小王正式切入了主题:给面试官讲了他的个人经历。这时的面试官一定很想听下去,不会选择打断他,就算超时了,相信面试官也不会计较。于是,小王用这三步成功地为自己赢得了时间。

我们常常会遇到对方不愿意给我们足够的时间说话、给我们限定极短的时间,甚至不给时间的情况,比如情侣吵架时常常会说:"我不听!"在这种时候,我们一定要意识到,赢得时间才是最重要的,有了时间,说话的内容自然能顺其自然地表达出来。

说话的目的是沟通,有输出就要有接收,我们"长话短说"地抢着把话说完了,对方却没有接收到,那么我们之间就没有沟通,我们说的话也不会起作用。

值得注意的是，赢得时间的技巧不一定适用于所有的场合。只能在时间有限或者对方不给我们机会说话的时候使用。如果遇到火灾、事故等紧急情况，我们就要"长话短说"，用最简练的语言把信息交代清楚，这样才不会耽误上述紧急情况的处理。此外，如果我们要使用赢得时间的技巧，就要保证自己说的话必须要有内涵。如果我们把别人吸引住了，却说出一些没有营养的话，那样还不如不说。总之，赢得时间的技巧能帮助我们赢得说话的机会，我们要善用这个技巧，把握好说话的机会，用自己的魅力打动别人。

怎么请人帮忙不被拒绝？

倩倩愤愤不平地质问小美："为什么同样是朋友，每次我找你帮忙时，你都找借口推三阻四的，但梅梅找你帮忙时，你就有求必应呢？还是说你根本没把我当你的朋友？"

被朋友这样抱怨，小美也感到很无奈。对待朋友，她其实是挺愿意助人为乐的，但每次倩倩找她帮忙时，都不像是"求她"，反而像个小领导一样，喜欢指挥她做一些她不愿意的事。而梅梅就不一样。

比如，梅梅喜欢一个叫陈杰的男孩，她会这样对小美说："礼拜天我们休息时约几个男生去 K 歌吧，你能不能顺便帮我约下陈杰？我想跟他有更进一步的发展。到那天，我也想介绍几个朋友给你认识。"但同样的事情，倩倩就不会采用这样的方式，她会这样说："小美，我想认识那个陈杰，你帮我约下对方，记得一定要邀约成功哦！"然后就不管不顾地缠着小美，直到小美答

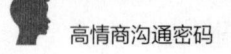

应为止。

再比如，当梅梅被公司安排去拜访一位重要客户时，她想让资历深厚的小美陪她去，梅梅就会这样说："这个客户你以前也有接触过，这次是个难得的机会，不如我们一起去拜访下对方吧！这样，你也可以顺便和他们联络下感情。"但倩倩惯用的伎俩就是："小美，这个客户我根本不认识，我好怕哦，你陪我一起去吧！"这样撒娇卖萌的招数用得多了，以至于小美一听到这样的声音就觉得刺耳，感觉自己就像是倩倩的专职保姆似的，所以她的第一反应就是抗拒。

久而久之，身边的朋友都对倩倩产生了厌烦。尤其是小美现在只想躲着她，因为她就像个巨婴一样，不停地指挥别人替她做事；反之，梅梅却像是一个并肩作战的合作伙伴，所以她每次的请求，小美都不会拒绝。

你看，同样是请人帮忙，可是表达的方式不一样，得到的效果就不一样。这便是语言的魅力。在生活中，我们难免会遇到一些难题，需要寻求别人的一些帮助，有些人因为懂得说话的技巧，提出帮忙的请求后对方总是难以拒绝，而有的人却因为表达的方式不对，屡屡遭遇碰壁。可以说，找人帮忙，也是一个非常考验说话技巧的事情。

大家不妨回想一下，当你在日常生活中寻求别人帮助的时候，都是怎么说的呢？每一次，你都能成功得到别人的帮助吗？下面的说话技巧，或许可以帮助你在求人帮忙的时候永远不被拒：

◎让你的求助对象觉得你是"自己人"

在请人帮忙时,我们应想方设法给对方营造一种"自己人"的感觉。即让对方感到你们是属于一个团队的,需要团结在一起才能捍卫团队利益。而出于团队合作精神与集体归属感的需求,人们潜意识里会出于本能地维护自己的权益。所以,此种套路若能有效地运用起来,对方自然会无条件地与你保持步伐的一致性,答应你的帮忙请求。

◎给对方"戴高帽",而且是对方舍不得摘下来的那种

在向别人寻求帮助之前,我们不妨先主动夸下对方,给对方戴顶高帽,让对方感觉他会因为帮了你而提升自己的档次与形象。这种方法就是运用了人们的虚荣心理,先让人内心飘浮起来,然后再找准一个合适的时机说出我们的请求,让对方不好意思拒绝。毕竟,谁也不愿把已经戴好的高帽给轻易地摘下来。

比如说,当人们被问及"是否愿意做一名助人为乐的榜样"时,其表现出的行动力会明显大于"你是否愿意帮助有困难的人"。这就好比,你对一个五岁的孩子说"你是妈妈的好帮手"时,孩子就会非常高兴并充当小帮手来帮你做一些力所能及的事情;反之,当你说"给妈妈帮下忙"这样的话时,孩子可能就不是很积极,甚至心不甘情不愿。

◎给你的求助对象描绘美好前景

我们在求助于他人时,不妨事先向求助对象描绘下他给予帮助后所带来的一些效果,让他能清楚地看到自己助人为乐的行为所起到的作用,这样便可以有效激发出对方的行为动机。

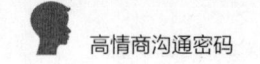

例如："如果你帮我一起完成这份计划书，下次公司的例会上，咱们共同完成的这份计划书肯定会成为全公司的亮点，并吸引到总经理的注意！"像这样的美好前景预期说出来，将会很好地吸引到对方，让对方答应你的请求。

总之，掌握了正确的说话技巧，求人帮忙将不再是难事！

面试时被问到为何离职，怎么回答？

跳槽是职场中比较常见的现象，但跳槽的原因却直接关系着之后就业的成功与否。几乎每一家用人单位在面试时都会无一例外地询问"你跳槽的具体原因是什么"这个敏感的话题。为什么说它敏感呢？因为我们始终不知道如实回答和胡编乱造哪个更能赢得面试官的好感与认可。所以，内心往往很纠结。

职场中造成求职者离职的原因很多，五花八门什么类型的都有。比如：专业不对口、路途遥远、结婚、生病、出国、与同事关系不和、世界这么大我想去看看等原因。如果你的离职原因是生病、结婚之类的，那么你尽管照实说，这丝毫不会影响招聘单位对你的道德评价与初始印象。但并不是所有的原因都可以照实说，比如说打架斗殴、与同事关系不和睦等，这样的原因最好不要说了，因为新单位会担心你会在日后犯同样的问题，给公司带来麻烦。

无独有偶，黄文飞就因为这样的离职原因而导致了面试失败。

黄文飞在一家民营企业做了两年销售，虽然在此期间他的工作一直都很努力，业绩也很突出。但因为性格方面的原因，导致他与自己的顶头上司长期不和，最终忍无可忍的他离开了公司。后来，在经历了一段时间的心态调整后，他参加了一家公司的招聘面试。

在面试时，面试官依旧循惯例问他："你为什么从上一家公司离职呢？"黄文飞认为没有什么好隐瞒的，于是就选择了实话实说。结果很不幸，他没有应聘成功。因为在面试官看来，一个用了两年时间都没能将人际关系处理好的销售，人际交往能力一定是非常差的，这样的人若进了新公司，恐怕也会犯同样的问题。

吸取了这次失败的教训后，黄文飞在接下来的几场面试环节中把离职原因全部说成了"薪金太低"，结果他还是没能应聘成功。因为薪金太低也是面试官的忌讳，他们会认为，这样一个只在乎收入高低的人，一旦面临其他公司的诱惑，将有可能再次跳槽。

事实上，几乎所有的用人单位都想从求职者离职的原因中来快速了解一些相关的信息，并通过这些信息来对求职者做出一些简单的判断。因此，我们在面试环节中回答"离职原因"这个问题时，一定要注意淡化敏感信息，不要轻易给面试官留下可供猜测的空间与余地。

在面试的过程中向面试官描述离职原因时，一定要三思而后行，避免让面试官对你产生一些不好的判断。

当然，我们也不能因此就用一些"个人原因"来忽悠面试官,那样做只会让面试官认为你的人品有问题。所以,最好的做法就是利用离职的原因来抬高自己,让面试官因此而对你产生好感。虽然,像这种主观性很强的问题,并没有一个完美而标准的模式供我们参考,但只要我们认真揣摩面试官的喜好与心理,投其所好去回答面试官的提问,相信一定会给对方留下一个良好的印象。

如何不伤和气地拒绝别人的不合理请求?

对上班的白领一族来说,最翘首以盼的莫过于周五的下班时刻了。当时针快要指向下午5点的那一刻,你正沉浸在晚上通宵看足球、周六早上睡懒觉的幻想中时,恰在此时,一阵不合时宜的电话铃声打断了你,你的内心是什么感受?尤其是接起电话后,对方用一种略带焦急的语气对你说:"哥们儿,帮我个忙啦,明天我值班,可是你也知道,我现在和女朋友已经到了谈婚论嫁的地步了,明天她父母过来我要去接他们。所以,只好请你帮帮忙,明天帮我去公司值个班,就这样,改天有空请你吃饭。"你还没来得及回答,对方已经挂断了电话,于是内心略有不快的你,只好无奈地对着空气笑笑。

相信很多人都经历过类似的场景吧!在生活中,我们经常会遇到一些不合理的请求,大部人可能会把拒绝别人的不合理请求当成一件简单的事情来对待,其实不然,如果拒绝的方式错误,就很可能给对方造成一定的伤害。事实上,不伤和气地拒绝别人的不合理要求,也是十分考验人的说话技巧的。情商高的人一般在拒绝他人时懂得把意思表达得隐晦而曲折,不仅会考虑对方的面子问题，同时也会给自己留好退路。

著名作家钱钟书因作品《围城》享誉海内外，但是他生性淡泊，不喜欢追名逐利之事。有次，一位外国的读者很想亲自去拜访他，表达自己的崇拜之情。但钱钟书却拒绝了，不过他的拒绝方式就和他的作品一样充满了幽默与睿智，他说："如果你吃了一个苹果很好吃，难道你就要去看那棵苹果树吗？"

拒绝别人，其实并不难。难就难在如何让自己的拒绝之词大方得体，让对方心甘情愿地接受拒绝，这才是非常重要的。那么，如何才能不伤和气地拒绝别人的不合理请求呢，以下几点值得注意：

◎拒绝之前先听对方把话说完

如果想让对方接受我们的拒绝，首先就要学会倾听。不管对方提出什么要求，哪怕是不合理的，都要耐心地听对方说出自己的请求与理由。也只有先了解了对方的请求，我们才能在思考后给出对方答复，即便最终的结果是拒绝他人，至少我们还是表达了尊重之情。

◎拒绝的语言要模糊

拒绝的话说出来容易，但也是需要技巧的，切不可太过于直白，应使用一些暗示法、替代法等。比如，当对方找你借钱时，你就可以有效使用暗示法来回答："我最近手头比较紧，不太宽裕呢！"这种拒绝方式要比直接把"不"字说出来，更容易让人接受。具体如何运用，我们可以视具体情况来具体分析，自由发挥。

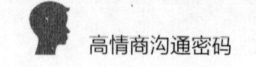

◎选用拖延战术

有些人可能会因为拒绝的方式太过于直接，打心眼里认为你不近人情，进而对你产生不满，而你也会因此树敌。所以，遇到这样的情况，我们先不要急着拒绝或答应，不妨选用拖延战术，让时间来淡化一切。

◎避实就虚

在面对他人过分的要求或一些难以回答的问题时，我们还可以避实就虚，既不说"是"也不说"否"，把事情先搁置下来，冷却一会儿，并采用顾左右而言他、转移话题的方式来转移对方的注意力，或者用一种诙谐幽默的方式一笑而过。

例如，早高峰时段，购买早餐的顾客非常着急地说："我都在这窗口前排队10多分钟了，你们动作快点。"服务员莞尔一笑地说："我已经在这窗口里面站了10多年了。"你瞧，这样一句简短而幽默的话，轻而易举就化解了顾客的催促。

◎先退后进

什么是先退后进？意思就是在别人提出请求时，先不要把反对的意见说出来，而是先退一步，附和对方的观点，等对方表达完毕后，再有针对性地对对方提出的要求做出合理的拒绝。此种方法特别合适于用于拒绝权威性人士的意见。

◎强调客观

有时候，我们可以用强调客观原因的方法来达到拒绝对方的目的。这种方式意在给对方营造一种这样的观念：从主观上来说我还是蛮愿意帮忙的，但是客观上却面临许多障碍，很抱歉，我实在是心有余而力不足。

◎诱使对方自我否定

如果觉得对方提出的要求不合理，又碍于情面不好直接提出来，我们不妨试着玩点小花样，给对方挖个坑，让对方主动往里跳，诱使对方进行自我否定，从而达到拒绝对方的目的。但这种拒绝方法在使用时，要注意一点，就是大脑反应要灵敏、机智，这样才能不露破绽地令对方落入他自己挖的坑里面。

◎给对方提出合理建议

正所谓"当局者迷，旁观者清"。在给对方阐述自己无法给予帮助的理由时，可以不失时机地给对方提出一些合理化的建议，并给予正确的引导。以此来弥补拒绝对方时给他造成的不快，让对方心理平衡一些。

很多人在拒绝他人时，内心都会感到"不好意思"，但你知道，说"不"是你的权利，且你拒绝的只是别人的请求，这并不会对你和对方之间的关系造成影响。所以，我们可以合理运用好上面的这些方法与建议，讲究说话的艺术，让"不"字在使用的过程中变得轻松愉悦。

如何让对方不失体面地收回"爱"？

爱情是一件十分美好的事情，常常让人为之神往。许多人在遇到有眼缘、心动的喜欢对象时，往往都会努力地去追求对方。

但如果追求你的人、爱你的人不是你喜欢的类型时，你该如何拒绝呢？倘若你的拒绝并没有使对方望而却步，对方反而固执地表明要等你回心转意，你又该怎样做才合适呢？

相信很多人都经历过类似的困扰。虽然爱情让人感到幸福，但前提也得是两情相悦才行。如果爱你的人恰巧也是你所爱慕的人，那这样的爱情对你来说就是幸福的；反之，如果爱你的人并不是你倾心之人，甚至你还有点讨厌他，那你肯定是体验不到幸福感的，或许还会认为这是一件麻烦事儿，因为这份你并不需要的爱为你平白增添了许多精神负担。

爱一个人是没有对错的，别人爱你，向你求爱，没有错；你不喜欢，拒绝别人的爱，这也没错。最关键的是在面对自己不喜欢的人的求爱时，如何将自己的拒绝表达得恰到好处，如何让对方不失体面地收回"爱"。如果我们不讲究方式方法，简单粗暴地拒绝别人，那就可能会伤害到他人，同时也会给自己带来一些不利的影响。

初次交朋友，大部人都曾经左右为难地纠结过，因为他（她）的类型与条件实在是让人爱不起来。但由于是领导或亲戚介绍的，哪怕在相处的过程中对方给你的感觉是不舒服、不愉快的，但你可能也会慑于对方的威严或顾忌到对方的面子，而在拒绝时略显犹豫。久而久之，你不仅会被这份多余的爱折磨得苦不堪言，还会因此而给人留下不好的印象。

其实，拒绝异性求爱的方式有很种，从形式上来说，我们可以采用通信工具或当面交谈，托对方都熟识的人来传递。但不管采用什么方式来拒绝，一定要将火候掌握得恰到好处才行。以下几点建议，可供参考：

◎直言相告，以免误会

若在自己已经有了交往对象的情况下，又遭遇求爱者，我们不妨明确告诉对方自己的真实情况，让对方放弃或别择他人。切记，在告诉对方时，一定要给对方营造一种你很爱自己交往对象的感觉，同时也不要在求爱者面前炫耀自己恋人的优点与长处，以免遭致对方的怨恨，伤害对方的自尊。

◎讲明情况，好言相劝

若确实不想和对方有进一步的发展，或者因工作与学业方面的要求而必须拒绝他人时，那就讲明情况并好言劝慰对方，以此来打消对方的念头。

◎婉言谢绝

倘若真心不喜欢求爱者，觉得没有必要去与之发展并建立爱情时，可以在尊重对方的前提下，婉言谢绝对方的爱慕之情。婉言谢绝的好处就在于可以照顾到一些自尊心强的人。因为他们都是克服了极大的心理障碍才鼓起勇气向你表达情感的。一旦遭到拒绝，内心就会痛不欲生，甚至采取一些偏激的手段来抚慰自己受伤的心灵。所以，这种情况下拒绝求爱者时，在言语上的态度就要表现得真诚一些，这样才不至于给人造成心理的伤害。比如，你可以试着这样说："我觉得我们的性格和喜好完全不同，恐怕不太合适在一起。""你是个很优秀的人，我很欣赏你，但我只想和你发展普通的友谊。""目前我的心思全部放在工作上，没有时间来考虑这些。"

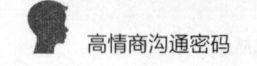

最重要的一点是，我们千万不要自以为是，对求爱者说出"癞蛤蟆想吃天鹅肉""就凭你，也配"之类的话，因为这样的拒绝方式是很难让人接受的。

◎冷淡、果断

如果面对的是那种死缠烂打的求爱者，我们在拒绝时态度就一定要表现得冷淡与果断。用简短的寥寥数语表明我们的态度就好，千万不要拖泥带水让求爱者产生一些误会或想法，更不要让对方心存幻想。

要明白，别人爱你并没有错，如果你不接受别人的爱，也一定不能伤害别人。在拒绝别人的爱时，一定要用对方法，讲究技巧，维护对方的自尊！

发现上司决策错误，怎么办？

俗话说："金无足赤，人无完人。"职场中，谁都不可能做得十全十美，哪怕是自己的上司或领导也不例外。发现上司决策错误，怎么办？相信任何一个有责任心的下属都不会视而不见，出于对公司利益的维护，他们会在发现上司决策错误时，提出合理的建议。

要知道，并不是所有的"直言进谏"都能取得理想的效果。上司也需要维护自己领导者的权威。倘若你不顾忌上司的面子，生硬地指出他的错误，上司自然是不可能虚心接受的。此时，如果我们换个角度，让"直言进谏"以一种更委婉的"糖衣炮弹"的形式呈现，相信上司不仅会对你的进谏欣然接受，同时还会对

第七章 最困扰人的 17 个难题，尴尬时刻怎么救场？

你另眼相看。

总之，当发现上司决策错误后，我们确实应该适时地提醒上司，给上司一些意见和建议。但我们在提醒上司的时候，一定要采用正确的说话技巧。

下面先来看一个案例。

曾浩就职于一家大型公司做总经理助理。他的顶头上司总是喜欢插手生产技术部门的工作。因为技术出身的他，总认为自己专业的技术知识与多年的实战经验能更好地帮下属部门处理各种状况。久而久之，生产技术部门的员工对总经理喜欢插手部门的事怨声载道。而这样的局面，也导致了作为助理的曾浩在开展工作时遇到许多阻碍。

于是，经过内心激烈的思想斗争后，曾浩决定向总经理提出一些合理的建议，以改善这种局面。经过了反复的考量和深思熟虑后，他这样对总经理说道："您的专业技术是我们全公司所有员工学习的榜样，但在管理方面，可能还要适当学会放手。如果您一直不肯放手，下面那些技术人员又怎么能取得进步，向您看齐呢？"听完曾浩的话，总经理陷入了长久的沉思中。

后来，总经理果然开始做出改变。他合理地安排了自己的时间与精力，并逐渐将管理的权限下放给了生产技术部门。而当总经理放权后，生产技术部门的工作效率也得到了很大的提升，曾浩的工作也如鱼得水般开展得越来越顺利了。

聪明的下属，都懂得运用一定的语言技巧，委婉地向上司提建议。下面几种给上司提"意见"的可行方法，或许可以帮助到

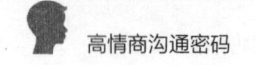

大家:

◎多献"可",少加"否"

作为下属,在向上司直言进谏时,不妨多献"可",少加"否"。这里的"可"与"否"代表了不同的两层含义,一种是鼓励下属从正面积极的方向来向上司表达自己的建议;另一种是不要采用直接否定的词或语句去反驳上司的观点。也就是说,为了避免在阐述观点时与上司产生冲突,我们最好是采用迂回变通的方式去向上司提建议。

◎多"引水",少"开渠"

我们在向上司谏言时,不要越俎代庖地替代上司去"开挖沟渠",而应以一种试探、询问、建议、引导的方式来言简意赅地向上司言明错误,阐述自己的观点。多"引水",少"开渠"的方法不仅可以让上司主动发现自己的错误,也便于上司做出改变。

◎兼并上司的立场

在直言进谏的时候,不仅要从公司的发展前景、利益规划等方面去谏言,还要学会换位思考,站在上司的角度与立场上去考虑问题。这样做的好处就是不仅没有完全否定上司的错误,反而还间接地维护了领导的权威,更容易被上司接受。

◎以虚心为本

虚心能给人一种诚实可信的真诚感,在向上司谏言时我们不妨在态度上虚心、真诚一些,千万不要狂妄自大,流露出一种

"我比你聪明"的样子。值得注意的是，即便上司采纳了你的建议，之后你也不要随意在同事面前提及，更不要洋洋得意地四处炫耀。

◎设置多项建议

想要让上司改变错误的决策，我们在向上司直言进谏之前，不妨有针对性地去设置多项建议。这种高明的提建议技巧，不仅能让你给上司留下一个认真负责的印象，同时还可以让上司在多项建议中做出最适合的选择。

◎选择一个好时机

所谓机不可失，失不再来。不管做任何事情，时机都是非常重要的。在向上司提建议之前，我们不妨选择一个好的时机，来帮助我们更好地达成目的。比如，饭桌上、上下班途中，或者工作休息的间隙等，这些场合都是可以的。

总之，我们一定要明白这样一件事：在给上司提意见时，一定要注意自己的语言，掌握好分寸。要记住，你给上司提的只是建议而已，具体决策权在上司手中。

做了不好的事，怎样道歉才会被原谅？

有些人在日常生活和工作中犯了错误后，没有意识到道歉的重要性或是没有及时道歉，就会与对方产生矛盾和隔阂。可以说，在人际交往中，道歉具有非常重要的意义，它是帮助我们解怨释嫌、修复人际关系的关键。

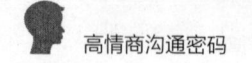

然而，道歉并不意味着简单地说一句"对不起"，我们只有掌握了正确的道歉技巧，才能换来别人的"没关系"。下面为大家列举道歉应当遵循的5大原则：

◎在恰当的时间和地点道歉

我们在道歉的时候，要注意选择恰当的时间和恰当的地点。一般情况下，对方心情好的时候就是我们道歉的最好时机，因为"人逢喜事精神爽"，此时，对方更容易接受我们的道歉。在地点上，我们最好选择一个安静、优雅的环境，因为在良好的环境中，双方才能心平气和，才能更好地化干戈为玉帛。

◎选择恰当的道歉方式

一般而言，道歉的方式有很多种，我们在道歉时要根据不同的情况，选择恰当的道歉方式。

如果我们是在工作中犯了错误，那么我们就应该从相应的工作或职位角度去设计如何道歉。比如，上司因为工作原因冒犯了下属，就不能从个人的角度向对方道歉，而是应该站在工作的立场，从管理者的角度向下属致歉："对不起，上午是我说话太粗暴了。说到底我们都是为公司好，虽然我们的立场和观点不同，但是我不应该对你说那样话，作为你的上司，我应该更宽容。"相信当上司这样说的时候，一定能产生良好的效果，使上下级关系更加融洽。

如果我们是因为个人原因犯错时，那么就应该从个人的角度进行道歉，并选择一个适当的方式，让道歉显得更有诚意，不别扭。

◎道歉用语要讲究

道歉用语的使用应该文明而规范，我们向对方道歉时，不仅要用温和的目光注视着对方，而且还要语气温和、态度诚恳、不卑不亢，同时要注意礼貌用语的使用，不可使用带有挑衅的语言，否则只会适得其反。

比如，我们对对方有愧疚，就应该说："非常抱歉""深感歉意"等；我们想要得到对方的谅解，就应该说："请原谅""请您包涵"等；我们妨碍到了对方，就应该说："不好意思""打扰了"等。除此之外，我们在道歉时，还要注意语言简洁明了，当我们表达清楚后，对方表示谅解了，就不要再重复表达了。

◎道歉内容要具体

我们在道歉时不要对自己的错误泛泛而谈，而是要向对方清楚地指出自己的错误，并积极主动地承担相应的责任。比如："昨天的事情，是我不对""我不该在背后议论你""我不该把你的秘密说出去"等。

◎只对对方介意的内容道歉

有心理学家说："在真正的动物界里，道歉接近于全面投降。而一旦向对方全面投降，就会陷入困境。"因此，我们在道歉时，要为自己划出范围，换句话说，就是只对对方介意的内容道歉，其他的部分就不要作过多解释，也不要提及。

比如，在某一次考试中，电脑的评分系统出现了问题，导致许多考生的成绩出现了偏颇。考生们情绪很激动，纷纷指责、批评学校。其实，这个事故发生的主要原因是因为软件系统发生了故障，而在考试中使用评分软件本身是没有问题的。所以，学校在道歉时只需要告诉学生是评分软件发生了故障，而其他的就无需表达歉意了。

可是，学校开会说明情况时，相关的工作人员却一个劲地说"对不起"，并没有明确说出问题出现的原因，这种道歉的方式，只会让学生觉得错误都在工作人员的身上，致使道歉的焦点模糊不清。甚至有的学生认为学校就不应该使用电脑评分软件，面对这样的指责，工作人员竟无力反驳。

道歉的主要作用是为了获得对方的谅解。以上为大家列出了道歉的几大原则，希望对大家有所帮助！

如何向老板提加薪？

小汪大学毕业后在一家商贸公司上班，因为这是他的第一份工作，所以他很珍惜，也非常努力。老板也非常欣赏他的工作态度，经常表扬他，可就是没有提加薪的事。

有一次，他无意中得知与他一同进入公司的女同事，工资早就加过两次了，现在的工资是他的两倍，他感到很不平衡，因为在工作能力上，那位女同事明显没有他优秀。于是，他开门见山地向老板表达了自己的不满，并直接要求老板给自己加薪，否则他就辞职。

可是老板并没有答应他加薪的要求，从那以后，他对工作失去了热情，不再像以前那样拼命了，开始敷衍起来。一个半月后,老板让其他员工接管了他的客户,他也觉得这样下去没有意思,就主动辞职了。

后来,他又找到了一份销售的工作,依旧非常努力,还连续几次拿到了部门销售前三的好成绩,可是他的薪水仍然没有上涨,升职好像也遥遥无期。

对此,他非常苦恼:不提加薪,他心里委屈;提加薪,他又害怕像上次一样失业。此时,他多么渴望能有一种方法可以解决自己的问题,帮自己达成愿望。

那么,问题来了,当我们也和小汪一样,对自己的薪水不满意时,该主动出击吗?如果我们要向老板提加薪,具体应该怎样做呢?

几乎所有的人,主动向老板提加薪的时候都是尴尬又紧张的,因为这件事不是轻而易举就能做到的。有过类似经验的人,都有过以下三种心理负担:

1. 如果被拒绝了,该怎么办?

2. 应该怎样开口?老板又会怎么说?

3. 如果他刻意挑剔,该怎么办?

以上三种心理负担,几乎使所有要求加薪的人望而却步。

那么,究竟有没有一种方法,既能减轻我们的心理负担,又能帮助我们达成愿望呢?

或许我们可以在以下几个方法中找到问题的答案。

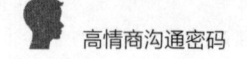

◎直接向老板提出辞职

注意，使用这种方法的人一定要有与老板谈判的"资本"，也就是说，使用的前提必须是：我们的工作能力非常出众，而且老板又非常欣赏我们。需要注意的是，这样的方法只适合用一次，绝不能次次如此，因为这种伎俩用多了，会让老板觉得我们是在要挟他，对我们产生不好的印象。

此外，如果我们的表现一直都很平庸，就不要尝试这种方法了，因为老板也许正有此意，假如我们自己提出来了，那么老板可能会顺水推舟，辞退我们，并将辞退解释为是尊重我们的意愿，让我们有苦说不出。

◎趁热打铁

趁热打铁，是指我们应该趁着最有利的时机提出加薪的要求。比如：我们刚刚超额完成了公司规定的销售任务，就可以委婉地、用开玩笑的语气提醒老板该加薪升职了，此时，老板一般不会拒绝我们的加薪要求。即便老板当时没有答应，也会给他留下深刻的印象，为以后的加薪打下基础。

◎狮子开口

所谓的狮子开口，就是指我们在提加薪的时候，可以把要求提得比实际想要的更高一些，这样有助于实现我们的真实目的。比如，如果我们想加薪30%，那么我们就要对老板提出加薪50%的要求，通过一番博弈之后，或许我们还能得到想要的薪资。不过，在使用这个方法时，切记不可过于贪心。

◎尽情表功

如果我们的工作能力在公司中只算得上中等水平的话，那么我们就要运用"尽情表功"的方法向老板亮出自己的功劳。在使用这个方法前，我们要把以前所有做过最有意义和最不寻常的工作列举出来，然后再跟老板诚恳地提出自己的要求。

◎旁敲侧击

这个方法不像以上四种那么直接，而是用比较委婉的方式，旁敲侧击地打探老板的心思，让他间接明白我们的意愿，以便实现加薪的目的。具体来说，旁敲侧击的方式有很多，比如，我们可以在公司聚餐的时候，在老板秘书面前不经意地提起有猎头公司给自己打过电话，或者拿一份行业水平的薪资调查报告给老板看，等等。

以上为大家提供了几种实用的向老板提加薪的方法，下一次，当你觉得自己的薪水还有提升的空间时，你不妨按照上面的方法，找老板谈谈看。

别人的好意，如何开口谢绝？

生活中，我们常常会面对来自他人的好意，有些好意我们可以坦然受之，而有些好意我们却并不愿意接受。比如，有人想请我们吃饭，而我们却太累不想应酬；有人想介绍朋友给我们认识，而我们却并不愿意认识。面对这样的好意，如果接受，会让自己为难，如果不接受，又有可能伤害到对方。此时，究竟怎样的谢绝方式才能达到两全其美的效果呢？

尤其是当我们在谢绝一些来自领导、长辈的好意时，一方面要维护对方的面子、不让对方下不来台，另一方面又要让对方心平气和地接受我们的谢绝，不对我们产生不好的印象，这确实非常地考验我们的说话技巧和说话水平。

事实上，只要掌握了方法，要做到合理的谢绝并不难。首先，在谢绝别人时，要明白别人是一片好心，所以我们的谢绝一定要委婉，不能太生硬或太直接，以免伤害别人；其次，谢绝的态度一定要端正，要在表示感谢的基础上再表达自己的拒绝，并强调自己无法接受好意的遗憾和歉意。

下面案例中的小刘同学就非常懂得"谢绝之道"。

小刘所在的公司最近要进行人事调整，公司副总准备把小刘调到市场部，这和小刘本人的想法不谋而合，他自己也非常想进市场部。但是，销售部的张经理却想让小刘去销售部，因为他对小刘的能力也十分认可。张经理热情地邀请小刘，还让他跟副总说自己想去销售部。面对张经理的好意，小刘感到很为难。

回家后，小刘心情不好，就打电话给自己的老同学吐苦水。老同学了解了情况后对小刘说："别烦了，我帮你想个办法，包你能顺利谢绝张经理，还不会得罪他。"

过了一周，小刘在副总的安排下进入了市场部，他跟张经理是这么说的："非常感谢您的赏识，但是我的工作经验不足，怕到销售部后给您丢脸，所以想先到市场部学习学习。增加点工作经验。"张经理只好说："这样啊，那也好，小刘你在哪都是锻炼，不用拘泥于部门。"小刘连连点头。

小刘的同学为他出了一个好主意。小刘本人的意愿是到市场部工作，他当然要谢绝张经理的好意邀请，不过他谢绝张经理的理由是自己经验不足，还不能胜任销售部的工作，既没有把话说死，完全拒绝到张经理的部门工作，又给张经理留足了面子。而张经理看到小刘已经进入市场部，也就不会再提让他进销售部的事了。

从这个案例中我们可以得到启示：谢绝对方时，要给对方留一个台阶，而且要耐心地听对方把话听完，想好策略再婉拒对方，这样就不会谢绝得太生硬，让对方难堪。

谢绝对方好意的时候，我们可以先表达自己的感谢，再拒绝对方，要注意谢绝的态度一定要坚决，最后再表达自己的歉意。比如："你邀请我去看电影，我很开心。但是我的外婆最近住院了，周六我必须去探望她。我很感谢你能邀请我，下次有机会我请你吃饭。"

还有一点就是，谢绝的话不要说得太死，我们可以用迂回和拖延的方式来回应，把"不行"换成"下次吧，有机会再约"。这样留有余地的谢绝，能让对方明白我们的意思，也不会感觉太丢面子。

谢绝对方的好意时，我们的话语要温和诚恳，不要流露出厌烦的情绪，更不要有轻蔑的态度。最关键的一点就是，谢绝的话一定要意思明确，千万不要模棱两可，因为这样会让对方搞不清我们的真实意图。模糊的态度只会带来隔阂和误会，让我们和对方的关系越来越疏远。只有用适当的方法婉拒对方的好意，才能让对方接受我们的谢绝。